Christine & Hansjörg Hornstein

Was zählt

Mein biblischer Firmkurs

kbw bibelwerk

Sämtliche Mandalas sind entnommen aus:
Klaus Holitzka, Christliche Mandalas. Ein Malbuch mit Rosetten, Labyrinthen und christlichen Symbolen, Schirner Verlag, Darmstadt · Landwehrstraße 7a, 64293 Darmstadt · Erste Auflage 1998 · ISBN 3-930944-41-3

Hinweis
Leiterheft: ISBN 978-3-460-33086-3

ISBN 978-3-460-33085-6
Alle Rechte vorbehalten.
www.bibelwerk.de

4. Auflage 2013
© 2003 Verlag Katholisches Bibelwerk GmbH, Stuttgart
Für Bibeltext und Karte (S. 8): © 1980 Katholische Bibelanstalt GmbH, Stuttgart
Cover + Layout: Neil McBeath, Stuttgart
Druckdatenaufbereitung 3. und 4, Auflage: Olschewski Medien GmbH, Stuttgart
Druck: finidr s.r.o., Cz - Ceyky Tesin, Tschechische Republik

Hallo,

dieses Firmbuch begleitet dich auf dem Weg zum Empfang des Sakraments der Firmung. Die Firmung ist eine Entfaltung der Taufe: Du kannst und darfst dich jetzt in eigener Entscheidung zum Glauben als Christ bekennen.
Glauben: Das kannst du besser in der Gemeinschaft mit anderen Christen. Darum hilft dir auf deinem Weg ein/e Firmbegleiter/in, der/die das Gespräch über den Glauben mit dir und anderen jungen Christen anregt.
Im Firmgottesdienst werden dann die Gaben des Heiligen Geistes auf dich herabgerufen, damit du kraftvoll und überzeugend deinen Glauben leben und bekennen kannst.
Dein/e Firmpate/in steht dir auch später bei allen Lebens- und Glaubensfragen zur Seite.

Dieser Firmkurs lebt vom Gespräch über den Glauben und von deinen persönlichen Gedanken dazu.
Nur wenige Christen lesen im Laufe ihres Lebens immer wieder in der Bibel, z. B. ein ganzes Evangelium im Zusammenhang, um Jesus Christus besser kennen zu lernen.
Du wirst in den Vorbereitungstreffen auf die Firmung das ganze Markusevangelium zusammen mit anderen Firmanden und deinem/r Firmbegleiter/in lesen und so den Weg Jesu und in seiner Spur deinen Weg als Christ gehen.
Das Markusevangelium gilt als das älteste Evangelium über Jesus Christus. Es ist keine Biografie oder historische Darstellung, sondern es verkündet die Bedeutung Jesu Christi für solche, die ihr Leben nach ihm ausrichten wollen. Der Text des Markusevangeliums stammt aus den Jahren um 70 n. Chr., die Überschriften zu den einzelnen Abschnitten sind eigens für dieses Buch von Dr. Meinrad Limbeck (Tübingen) verfasst worden. Sie zeigen, dass es nicht um einen Bericht geht, sondern um Lebensweisung für dich. An Hand der Zwischenüberschriften könnt ihr leicht über das Gelesene ins Gespräch kommen. Verschiedene Methoden für das Lesen in der Bibel findest du im Anhang zu diesem Buch.

Für jedes Vorbereitungstreffen findest du folgende Elemente:
- ein Mandala, das du während oder auch nach dem Treffen in Ruhe meditativ ausmalen kannst. Es hilft dir bei der Konzentration auf Gedanken, die für dein Leben wichtig sind.
- Bild und Meditation zu Beginn jeder Einheit möchten dich einstimmen auf den Gedankenaustausch über dein Leben und deinen Glauben.

- Persönliche Fragen vertiefen das Gespräch und führen dich zu deiner eigenen Mitte.
- Selbst formulierte Gebete üben ein, dass du nie vor Gott sprachlos sein musst.
- Tagebuchnotizen machen das Buch zu einem ganz persönlichen Dokument für den Weg deines Glaubens.

Im Anhang findest du auch zwei Projekte sowie einige moderne geistliche Lieder, die den Firmkurs bereichern können.

Ein eigenes Gewicht liegt auf dem „Fest der Mitte". In einem von euch selbst gestalteten Gottesdienst und einer Agape könnt ihr feiern, was ihr gemeinsam erfahrt: Gott ist da. Du brauchst nicht auf ihn zu warten. Er nimmt jeden, wie er ist, und lenkt ihn zum Guten. Wie könnte man dabei Jesus vergessen, den Sohn Gottes, der wie keiner gezeigt hat, wie wir Menschen miteinander und mit Gott leben können.

Dein/e Firmbegleiter/in besitzt ein Leiterheft zu diesem Firmbuch. Er/Sie befindet sich ja auch noch auf dem Weg des Glaubens. Das Leiterheft hilft ihm/ihr, das Gespräch in der Gruppe anzuregen und zu fördern. Auch er/sie wird dir nicht alle Fragen beantworten können, aber er/sie weiß sicher einen Rat.

Und nun mit Markus auf den Weg ...
Eine bewegte Zeit wünschen dir

Christine und Hansjörg Hornstein

Inhalt

Einleitung — 3

Zeitplan für die Firmvorbereitung — 7
   1. Stunde: Einführung in die Firmvorbereitung — 9
   2. Stunde: Öffne dich! – Leben in die Hand nehmen — 15
   3. Stunde: Wage es! Bleib nicht stecken! – Auf das Leben achten — 27
   4. Stunde: Glaube! Lass dich überraschen! – Heilung erfahren — 39

Fest der Mitte: Gottesdienst und Agapefeier — 52
   5. Stunde: Fürchte dich nicht! – Sich dem Leben stellen — 59
   6. Stunde: Tu was! – Konsequent bleiben — 73
   7. Stunde: Halte durch! – Vertrau deinem Herzen – bis zuletzt — 87
   8. Stunde: Das Sakrament der Firmung — 100

Meine Firmung – Gottesdienst und persönliche Erinnerung — 104

Anhang — 108
   I. Methoden für die Bibelarbeit in der Gruppe — 108
   II. Projekt: Interview zur Bibel — 110
   III. Projekt: Hilfe in der Not — 112
   IV. Einzelseelsorge: „Outen oder beichten" — 113
   Lieder — 116

UNRUHSTIFTER ZURECHTWEISEN KLEINMÜTIGE TRÖSTEN SICH DER SCHWACHEN ANNEHMEN GEGNER WIDERLEGEN SICH VOR NACHSTELLERN HÜTEN UNGEBILDETE LEHREN TRÄGE WACHRÜTTELN HÄNDELSUCHER ZURÜCKHALTEN EINGEBILDETEN DEN RECHTEN PLATZ ANWEISEN STREITENDE BESÄNFTIGEN ARMEN HELFEN UNTERDRÜCKTE BEFREIEN GUTE ERMUTIGEN BÖSE ERTRAGEN UND -ACH- ALLE LIEBEN AUGUSTINUS

Holzschnitt von Walter Habdank, © VG Bild-Kunst, Bonn 2013

Zeitplan für die Firmvorbereitung

Abend mit Firmanden und Eltern am　　　　　　　um　　　　Uhr

Mein(e) GruppenleiterIn heißt:
Straße:　　　　　　　　　　　　　　　　　　　Telefon:

1. Gruppentreffen am　　　　　　　　　　　　um　　　　Uhr
2. Gruppentreffen am　　　　　　　　　　　　um　　　　Uhr
3. Gruppentreffen am　　　　　　　　　　　　um　　　　Uhr
4. Gruppentreffen am　　　　　　　　　　　　um　　　　Uhr

Fest der Mitte:
Gottesdienst mit Agapefeier am　　　　　　　　um　　　　Uhr

5. Gruppentreffen am　　　　　　　　　　　　um　　　　Uhr
6. Gruppentreffen am　　　　　　　　　　　　um　　　　Uhr
7. Gruppentreffen am　　　　　　　　　　　　um　　　　Uhr
8. Gruppentreffen am　　　　　　　　　　　　um　　　　Uhr

Beichtmöglichkeit am　　　　　　　　　　　　ab　　　　Uhr
Gottesdienstprobe am　　　　　　　　　　　　um　　　　Uhr

Firmgottesdienst am　　　　　　　　　　　　um　　　　Uhr

Palästina zur Zeit des Neuen Testaments

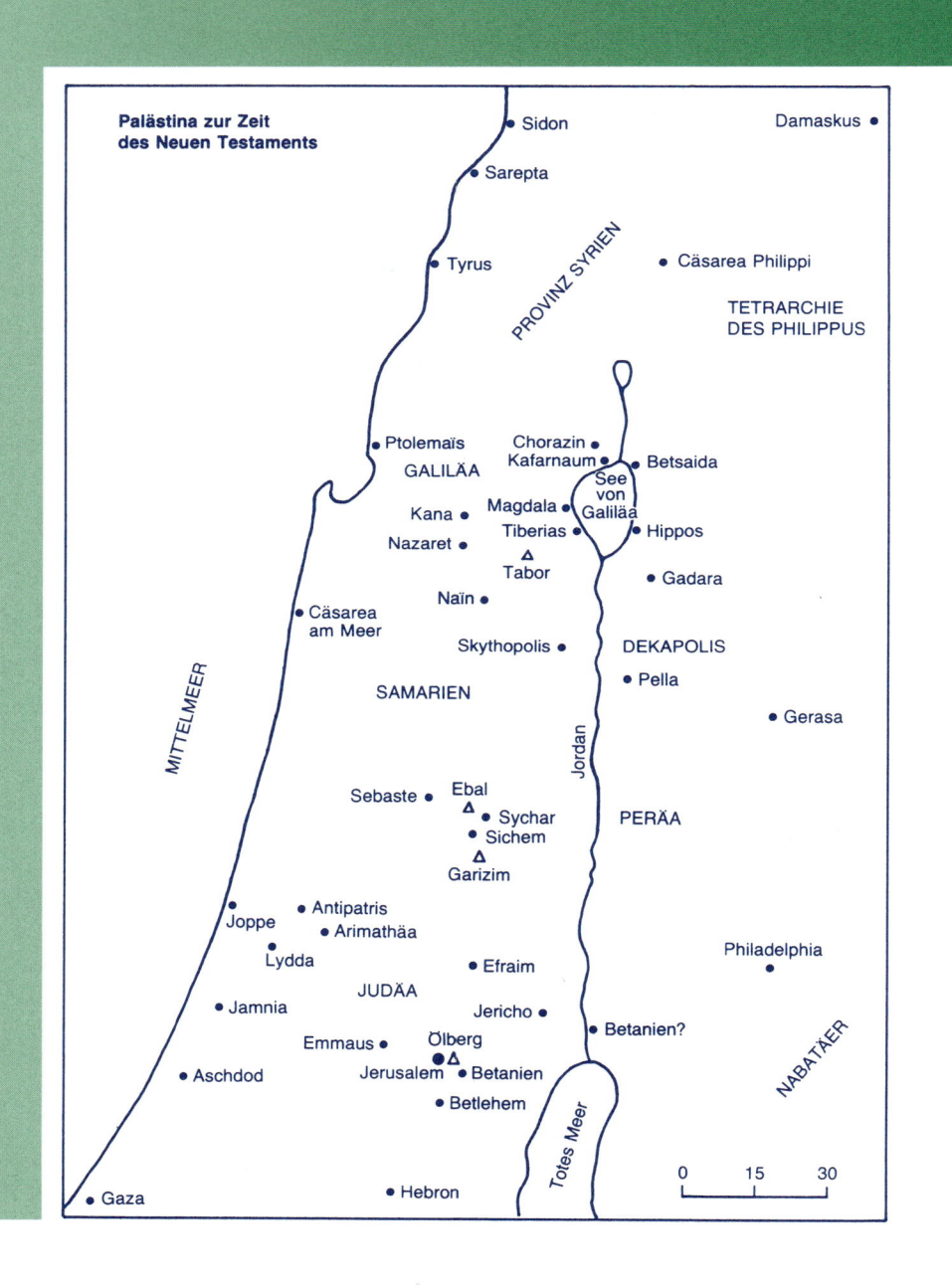

Einführung in die Firmvorbereitung

1. Stunde

1. Begrüßung

2. Vorstellungsrunde
Jeder erzählt etwas von sich: Schule, Hobbies …
Anschließend tauschen sich alle darüber aus, warum sie sich firmen lassen möchten.

3. Sich firmen lassen. Was heißt das?
Sich firmen lassen, das heißt: Ich sage Ja dazu, dass der Geist Jesu Christi in dieser Welt wirkt, und ich möchte ihm in meinem Leben Raum geben.
Der Bischof oder einer seiner Vertreter spricht mir diesen Geist zu und macht dies im Gottesdienst mit meinen Eltern, Verwandten und meiner Gemeinde sichtbar.
Der Heilige Geist stärkt mich und gibt mir neue Möglichkeiten, mein Leben zu gestalten und mutige Entscheidungen zu treffen. Das ist Grund genug, ein Fest zu feiern.

4. Umgang miteinander
Es gibt verschiedene Möglichkeiten, miteinander umzugehen.

Möglichkeit 1
GruppenleiterIn beherrscht und bestimmt alles.

Möglichkeit 2
Eine oder einer weiß immer alles besser.

Möglichkeit 3
Alle sind miteinander unterwegs und unterstützen einander.

Gemeinsame Vereinbarung

Wir sind keine Schulklasse. Wir versuchen, miteinander das Evangelium, die Frohe Botschaft, zu lesen und zu verstehen.

Wir sind zwar Menschen unterschiedlichen Alters, aber alle alt genug, um miteinander die Heilige Schrift zu lesen und auf sie zu hören.

Wir sind damit einverstanden, uns an der dritten Möglichkeit zu orientieren.

Unterschriften der Gruppenmitglieder:

Wir vereinbaren außerdem:

5. **Firmvorbereitung mit Bibel – Gemeinschaft – Gebet**
   Die alte Volksweisheit „Probieren geht über Studieren" gilt bei Jesus ganz besonders. Wir können ganze Bücher über Jesus Christus auswendig lernen und doch an ihm vorbeilaufen. „Second-hand-Infos" helfen nicht. Wie einzigartig Jesus eigentlich ist, erfahren wir so nicht. Was zählt, ist meine eigene persönliche Erfahrung.
   „Kommt her und seht selbst!", hat eine Frau im Evangelium nach Johannes zu den neugierigen Bewohnern ihres Dorfes gesagt, nachdem ihr Jesus das erste Mal begegnet ist. Ihre Nachbarn gingen gleich und kamen begeistert von Jesus zurück (Joh 4,29.42).

- Wir können Jesus nicht sehen. Wir können ihn nicht einfach auf der Straße kurz treffen. Aber wir haben in der **Bibel** Erzählungen und Glaubenszeugnisse von seinem Leben. Die Bibel ist die erste Quelle, um der Person Jesu und seinem Geist näherzukommen.
    - Was wird in der Bibel von Jesus berichtet?
    - Wer ist dieser Jesus von Nazaret überhaupt?
    - Wie erzählt Jesus von Gott?

  Wir dürfen beim Lesen den Mut haben, selber Dinge und Zusammenhänge zu entdecken und nicht blind auf Meinungen zu vertrauen, die man sonst so hört.

- Die zweite Quelle, um der Person Jesu und seinem Geist näherzukommen, ist die **Gemeinschaft** von Menschen, die mit Jesus unterwegs sind und mit ihm ihre Erfahrungen machen:
    - Was erzählen sie?
    - Wie leben sie?

  Es lohnt sich, miteinander in der Bibel nachzuforschen und die eigenen Gedanken in einer Gruppe, in einer Gemeinschaft auszutauschen.

- Die dritte Quelle, um der Person Jesu und seinem Geist näherzukommen, ist ein echtes Wagnis: im **Gebet** mit Gott Kontakt aufzunehmen. Dieses Mal nicht nach dem Motto „Not lehrt beten", sondern in dem Risiko, dass Gott wirklich zuhört. Gott ist eben nicht nur für Notfälle und Feierlichkeiten da, sondern er interessiert sich grundsätzlich für unser Leben, für dein Leben.
  Vielleicht bittest du ihn noch eher zaghaft und zweifelnd. Bitte ihn, dir zu helfen bei deinen Fragen und Zweifeln. Dazu gehört, ihn wirklich kennen lernen zu wollen. Du kannst es so probieren: „Jesus, wenn es dich wirklich gibt, dann möchte ich dich bitten, in mein Leben zu kommen und mir zu helfen, dich weiter kennen zu lernen."

Jesus sagt selbst: „Alles, worum ihr betet und bittet – glaubt nur, dass ihr es schon erhalten habt, dann wird es euch zuteil" (Markus 11,24).

Gott schenkt innere Sicherheit – nicht mit einem Knall, nicht mit einem megastarken Gottesauftritt, sondern er schenkt dir Frieden und Ruhe. Er zeigt dir, dass er ein unendlich großes Interesse an deinem Leben hat.

6. Informationen zum Markusevangelium

- Information des/r Firmbegleiters/in (siehe Leiterheft)

- Wir lesen: Warum gerade das Markusevangelium?
Das Markusevangelium bietet sich aus den vier Evangelien für die Firmvorbereitung besonders an. Es ist das kürzeste Evangelium und daher gerade noch überschaubar. Leben, Leiden, Tod und Auferstehung Jesu werden in vielen farbigen Einzelheiten, Situationen und Begebenheiten erzählt. In der Tradition gilt das Markusevangelium als erste christliche Jüngerschaftsschule. Auch deshalb fiel die Entscheidung für dieses Evangelium.

Das Markusevangelium ist ein Glaubenszeugnis: Einer, der glaubt, schreibt auf, damit andere glauben können. Markus ist der erste Evangelist und seine Schrift wurde zur Quelle der Evangelisten Matthäus und Lukas. Das Markusevangelium entstand etwa im Jahre 70 nach Christus in griechischer Sprache.
Als Evangelist waren für Markus nicht nur geschichtliche Fakten wichtig. Markus selbst glaubte, dass Jesus der „Kyrios", der Herr, war. Er schrieb für Christen, die Jesus nicht mehr selbst erlebt hatten. Er schrieb für Menschen, die Jesus verstehen wollten und eine persönliche Beziehung zu ihm suchten.

Die Menschen, für die Markus im ersten Jahrhundert geschrieben hat, hatten Zweifel und Ängste, denn es gab Verwirrung und Verfolgung. Markus wollte diese Menschen stärken, damit sie treue Jüngerinnen und Jünger Jesu sein können. Christsein war zu dieser Zeit nicht „in". Christliche Werte waren nicht attraktiv, zogen die Massen nicht an. Das gilt für unsere Zeit mehr oder weniger genauso, trotz veränderter geschichtlicher und kultureller Rahmenbedingungen. Gerade deshalb spricht Markus zu denen, die heute eine lebendige Beziehung zu Jesus Christus suchen.

Markus erklärt von Anfang an, dass Jesus tatsächlich der Messias, der Christus, das heißt der Retter der Welt ist, und er zeigt, dass er ein leidender Messias ist. Der erste Heide, der das Geheimnis Jesu erkannte, ist der Hauptmann unter dem Kreuz: „Wahrhaftig, dieser Mensch war Gottes Sohn!" (Mk 15,39).

- **Bearbeitung des Bibeltextes**
  Für diesen biblischen Firmkurs wurde das Markusevangelium in sechs Abschnitte eingeteilt und mit Zwischenüberschriften versehen, die euer Gespräch anregen wollen. Wer sich darüber hinaus mit dem Markusevangelium oder der Bibel überhaupt beschäftigen will, wird in seiner Gemeinde tatkräftige Unterstützung finden.

7. **Einführung in die Methoden für die Bibelarbeit** (Anhang, S. 108-109)

8. **Einführung zu Projekt 1: Interview zur Bibel**
   (Anhang, S. 110-111)

9. **Sportmotive im Buch:**
   Welche Gedanken verbindet ihr damit?

10. Gebet

Ewiger, heiliger,
geheimnisreicher Gott.

Ich komme zu dir.
Ich möchte dich hören,
dir antworten.

Vertrauen möchte ich dir
und dich lieben,
dich und alle deine Geschöpfe.

Dir in die Hände
lege ich meine Sorge,
meinen Zweifel und meine Angst.

Ich bringe wenig Glauben
und ich habe keinen Frieden.
Nimm mich auf.

Sei bei mir,
damit ich zufrieden bin,
Tag für Tag.

Führe mich,
damit ich dich finde
und deine Zuneigung.

Dir will ich vertrauen.
Dir will ich danken.
Herr, mein Gott, hilf mir.

Amen.

Öffne dich!

2. Stunde

Leben in die Hand nehmen

Mitunter sehe ich einfach keine Sonne. Die Tage fließen träge dahin, ich lasse mich hängen. Was hat eigentlich Sinn? Zeit, mein Leben in die Hand zu nehmen, Orientierung zu suchen. Wo und bei wem? Wohl auch bei Gott, der zu uns spricht im Wort der Bibel, bei Jesus Christus, der von sich sagt: „Ich bin der Anfang und das Ende!"

Markus 1,1 – 3,6

1

Hört, hört

¹ Anfang des Evangeliums von Jesus Christus, dem Sohn Gottes: ² Es begann, wie es bei dem Propheten Jesaja steht: „Ich sende meinen Boten vor dir her; er soll den Weg für dich bahnen." ³ Eine Stimme ruft in der Wüste: „Bereitet dem Herrn den Weg! Ebnet ihm die Straßen!" ⁴ So trat Johannes der Täufer in der Wüste auf und verkündigte Umkehr und Taufe zur Vergebung der Sünden.
⁵ Ganz Judäa und alle Einwohner Jerusalems zogen zu ihm hinaus; sie bekannten ihre Sünden und ließen sich im Jordan von ihm taufen. ⁶ Johannes trug ein Gewand aus Kamelhaaren und einen ledernen Gürtel um seine Hüften und er lebte von Heuschrecken und wildem Honig. ⁷ Er verkündete: „Nach mir kommt einer, der ist stärker als ich; ich bin es nicht wert, mich zu bücken, um ihm die Schuhe aufzuschnüren. ⁸ Ich habe euch nur mit Wasser getauft, er aber wird euch mit dem Heiligen Geist taufen."

Was Jesus plötzlich aufging

⁹ In jenen Tagen kam Jesus aus Nazaret in Galiläa und ließ sich von Johannes im Jordan taufen. ¹⁰ Und als er aus dem Wasser stieg, sah er, dass der Himmel sich öffnete und der Geist wie eine Taube auf ihn herabkam. ¹¹ Und eine Stimme aus dem Himmel sprach: „Du bist mein geliebter Sohn, an dir habe ich Gefallen gefunden."

Fast wie im Paradies

¹² Danach trieb der Geist Jesus in die Wüste. ¹³ Dort blieb Jesus vierzig Tage lang und wurde vom Satan in Versuchung geführt. Er lebte bei den wilden Tieren und die Engel dienten ihm.

Jesu Entdeckung

¹⁴ Nachdem man Johannes ins Gefängnis geworfen hatte, ging Jesus wieder nach Galiläa; er verkündete das Evangelium Gottes ¹⁵ und sprach: „Die Zeit ist erfüllt, das Reich Gottes ist nahe. Kehrt um und glaubt an das Evangelium!"

Jesus sucht Freunde

¹⁶ Als Jesus am See von Galiläa entlangging, sah er Simon und Andreas, den Bruder des Simon, die auf dem See ihr Netz auswarfen; sie waren nämlich Fischer. ¹⁷ Da sagte er zu ihnen: „Kommt her, folgt mir nach! Ich werde euch zu Menschenfischern machen." ¹⁸ Sogleich ließen sie ihre Netze liegen und folgten ihm.

¹⁹ Als er ein Stück weiterging, sah er Jakobus, den Sohn des Zebedäus, und seinen Bruder Johannes; sie waren im Boot und richteten ihre Netze her. ²⁰ Sofort rief er sie und sie ließen ihren Vater Zebedäus mit seinen Tagelöhnern im Boot zurück und folgten Jesus nach.

Man kann nur staunen

²¹ Sie kamen nach Kafarnaum. Am folgenden Sabbat ging er in die Synagoge und lehrte. ²² Und die Menschen waren sehr betroffen von seiner Lehre; denn er lehrte sie wie einer, der (göttliche) Vollmacht hat, nicht wie die Schriftgelehrten.
²³ In ihrer Synagoge saß ein Mann, der von einem unreinen Geist besessen war. Der begann zu schreien: ²⁴ „Was haben wir mit dir zu tun, Jesus von Nazaret? Bist du gekommen, um uns ins Verderben zu stürzen? Ich weiß, wer du bist: der Heilige Gottes." ²⁵ Da befahl ihm Jesus: „Schweig und verlass ihn!" ²⁶ Der unreine Geist zerrte den Mann hin und her und verließ ihn mit lautem Geschrei. ²⁷ Da erschraken alle und einer fragte den andern: „Was hat das zu bedeuten? Hier wird mit Vollmacht eine ganz neue Lehre verkündet. Sogar die unreinen Geister gehorchen seinem Befehl." ²⁸ Und sein Ruf verbreitete sich rasch im ganzen Gebiet von Galiläa.

Eine Hand, die aufstehen lässt

²⁹ Sie verließen die Synagoge und gingen zusammen mit Jakobus und Johannes gleich in das Haus des Simon und Andreas. ³⁰ Die Schwiegermutter des Simon lag mit Fieber im Bett. Sie sprachen mit Jesus über sie, ³¹ und er ging zu ihr, fasste sie an der Hand und richtete sie auf. Da wich das Fieber von ihr und sie sorgte für sie.

Begründete Hoffnung

³² Am Abend, als die Sonne untergegangen war, brachte man alle Kranken und Besessenen zu Jesus. ³³ Die ganze Stadt war vor der Haustür versammelt, ³⁴ und er heilte viele, die an allen möglichen Krankheiten litten, und trieb viele Dämonen aus. Und er verbot den Dämonen zu reden; denn sie wussten, wer er war.

Innere Kraft suchen

³⁵ In aller Frühe, als es noch dunkel war, stand er auf und ging an einen einsamen Ort, um zu beten. ³⁶ Simon und seine Begleiter eilten ihm nach, ³⁷ und als sie ihn fanden, sagten sie zu

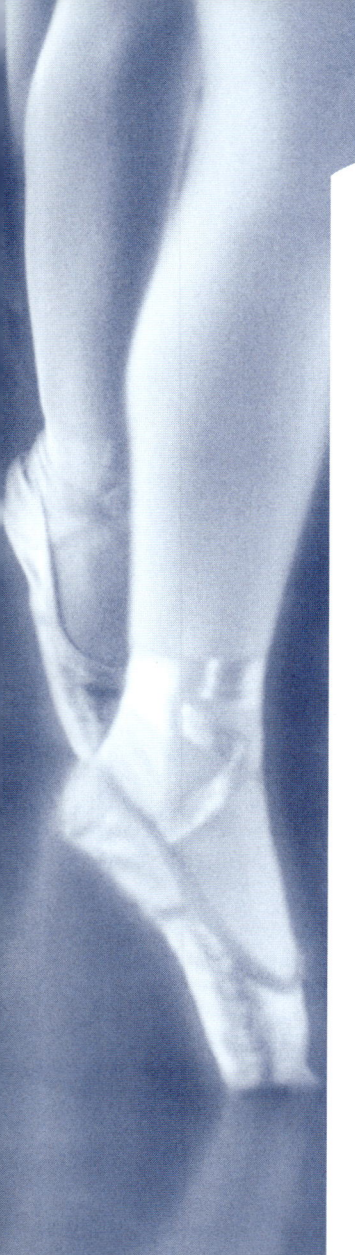

ihm: „Alle suchen dich." ³⁸ Er antwortete: „Lasst uns anderswohin gehen, in die benachbarten Dörfer, damit ich auch dort predige; denn dazu bin ich gekommen." ³⁹ Und er zog durch ganz Galiläa, predigte in den Synagogen und trieb die Dämonen aus.

Kein Aufschub

⁴⁰ Ein Aussätziger kam zu Jesus und bat ihn um Hilfe; er fiel vor ihm auf die Knie und sagte: „Wenn du willst, kannst du machen, dass ich rein werde." ⁴¹ Jesus hatte Mitleid mit ihm; er streckte die Hand aus, berührte ihn und sagte: „Ich will es – werde rein!" ⁴² Im gleichen Augenblick verschwand der Aussatz und der Mann war rein. ⁴³ Jesus schickte ihn weg und schärfte ihm ein: ⁴⁴ „Nimm dich in Acht! Erzähl niemand etwas davon, sondern geh, zeig dich dem Priester und bring das Reinigungsopfer dar, das Mose angeordnet hat. Das soll für sie ein Beweis (meiner Gesetzestreue) sein."

Sich verzetteln

⁴⁵ Der Mann aber ging weg und erzählte bei jeder Gelegenheit, was geschehen war; er verbreitete die ganze Geschichte, sodass sich Jesus in keiner Stadt mehr zeigen konnte; er hielt sich nur noch außerhalb der Städte an einsamen Orten auf. Dennoch kamen die Leute von überall her zu ihm.

Hört, hört: Jesus vergibt! Nichts lähmt mehr!

2 ¹Als er einige Tage später nach Kafarnaum zurückkam, wurde bekannt, dass er wieder zu Hause war. ² Und es versammelten sich so viele Menschen, dass nicht einmal mehr vor der Tür Platz war; und er verkündete ihnen das Wort.

³ Da brachte man einen Gelähmten zu ihm; er wurde von vier Männern getragen. ⁴ Weil sie ihn aber wegen der vielen Leute nicht bis zu Jesus bringen konnten, deckten sie dort, wo Jesus war, das Dach ab, schlugen die Decke durch und ließen den Gelähmten auf seiner Tragbahre durch die Öffnung hinab. ⁵ Als Jesus ihren Glauben sah, sagte er zu dem Gelähmten: „Mein Sohn, deine Sünden sind dir vergeben!"

⁶ Einige Schriftgelehrte aber, die dort saßen, dachten im Stillen: ⁷ Wie kann dieser Mensch so reden? Er lästert Gott. Wer kann Sünden vergeben außer dem einen Gott?

⁸ Jesus erkannte sofort, was sie dachten, und sagte zu ihnen: „Was für Gedanken habt ihr im Herzen? ⁹ Ist es leichter, zu dem Gelähmten zu sagen: Deine Sünden sind dir vergeben!, oder zu sagen: Steh auf, nimm deine Tragbahre und geh umher? ¹⁰ Ihr sollt aber erkennen, dass

der Menschensohn die Vollmacht hat, hier auf der Erde Sünden zu vergeben." Und er sagte zu dem Gelähmten: [11] „Ich sage dir: Steh auf, nimm deine Tragbahre und geh nach Hause!"
[12] Der Mann stand sofort auf, nahm seine Tragbahre und ging vor aller Augen weg. Da gerieten alle außer sich; sie priesen Gott und sagten: „So etwas haben wir noch nie gesehen."

Keine Berührungsangst

[13] Jesus ging wieder hinaus an den See. Da kamen Scharen von Menschen zu ihm und er lehrte sie. [14] Als er weiterging, sah er Levi, den Sohn des Alphäus, am Zoll sitzen und sagte zu ihm: „Folge mir nach!" Da stand Levi auf und folgte ihm. [15] Und als Jesus in seinem Haus beim Essen war, aßen viele Zöllner und Sünder zusammen mit ihm und seinen Jüngern; denn es folgten ihm schon viele. [16] Als die Schriftgelehrten, die zur Partei der Pharisäer gehörten, sahen, dass er mit Zöllnern und Sündern aß, sagten sie zu seinen Jüngern: „Wie kann er zusammen mit Zöllnern und Sündern essen?" [17] Jesus hörte es und sagte zu ihnen: „Nicht die Gesunden brauchen den Arzt, sondern die Kranken. Ich bin gekommen, um die Sünder zu rufen, nicht die Gerechten."

Keine Angst vor etwas Neuem!

[18] Da die Jünger des Johannes und die Pharisäer zu fasten pflegten, kamen Leute zu Jesus und sagten: „Warum fasten deine Jünger nicht, während die Jünger des Johannes und die Jünger der Pharisäer fasten?" [19] Jesus antwortete ihnen: „Können denn die Hochzeitsgäste fasten, solange der Bräutigam bei ihnen ist? Solange der Bräutigam bei ihnen ist, können sie nicht fasten. [20] Es werden aber Tage kommen, da wird ihnen der Bräutigam genommen sein; an jenem Tag werden sie fasten. [21] Niemand näht ein Stück neuen Stoff auf ein altes Kleid; denn der neue Stoff reißt doch vom alten Kleid ab und es entsteht ein noch größerer Riss. [22] Auch füllt niemand neuen Wein in alte Schläuche. Sonst zerreißt der Wein die Schläuche; der Wein ist verloren und die Schläuche sind unbrauchbar. Neuer Wein gehört in neue Schläuche."

Verboten ist nur, was sich selbst verbietet

[23] An einem Sabbat ging er durch die Kornfelder und unterwegs rissen seine Jünger Ähren ab. [24] Da sagten die Pharisäer zu ihm: „Sieh dir an, was sie tun! Das ist doch am Sabbat verboten." [25] Er antwortete: „Habt ihr nie gelesen, was David getan hat, als er und seine Begleiter hungrig waren und nichts zu essen hatten – [26] wie er zur Zeit des Hohenpriesters Abjatar in das

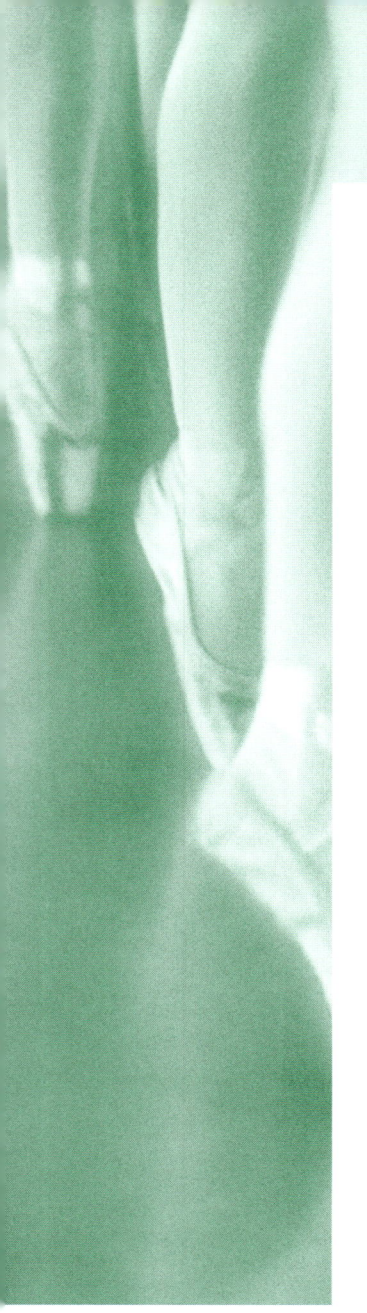

Haus Gottes ging und die heiligen Brote aß, die außer den Priestern niemand essen darf, und auch seinen Begleitern davon gab?" 27 Und Jesus fügte hinzu: „Der Sabbat ist für den Menschen da, nicht der Mensch für den Sabbat." 28 Deshalb ist der Menschensohn Herr auch über den Sabbat.

Leben retten, was sonst?

3 1 Als er ein andermal in eine Synagoge ging, saß dort ein Mann, dessen Hand verdorrt war.
2 Und sie gaben Acht, ob Jesus ihn am Sabbat heilen werde; sie suchten nämlich einen Grund zur Anklage gegen ihn. 3 Da sagte er zu dem Mann mit der verdorrten Hand: „Steh auf und stell dich in die Mitte!" 4 Und zu den anderen sagte er: „Was ist am Sabbat erlaubt: Gutes zu tun oder Böses, ein Leben zu retten oder es zu vernichten?" Sie aber schwiegen. 5 Und er sah sie der Reihe nach an, voll Zorn und Trauer über ihr verstocktes Herz, und sagte zu dem Mann: „Streck deine Hand aus!" Er streckte sie aus und seine Hand war wieder gesund.
6 Da gingen die Pharisäer hinaus und fassten zusammen mit den Anhängern des Herodes den Beschluss, Jesus umzubringen.

❓ Welches Wort oder welche Tat von Jesus hat mich heute besonders angesprochen?

❓ Welchem Problem ist Jesus begegnet?

❓ Wie hat Jesus reagiert?

❓ Was kann seine Tat oder sein Wort bei mir bewirken?

DAS BEWEGT MICH

DENKE NACH!

❓ Gibt es Meldungen, die dein Leben verändert haben?

❓ Woran liegt es, dass ich an jemandem Gefallen finde, wenn ich nicht nur auf das Äußere sehe?

❓ Wie kann ich mir bewusst machen, dass das Reich Gottes (schon) da ist?

❓ Welche Arten von Auszeiten kenne ich, um innere Kraft zu sammeln?

? Habe ich schon Außerordentliches (Wunderbares) erlebt oder bewirkt? Was war das?

? Jesus kennt keine Berührungsängste und er hält sich keineswegs immer nur an das Alte. Was würdest du gern neu und anders machen – auch im Umgang mit Gott?

? Lebensretter stehen im Rampenlicht. Es gibt aber viele kleine Formen der Lebensrettung, die nicht in die Presse kommen. Kennst du solche Erlebnisse? Welche sind das?

Datum:

MEIN TAGEBUCHEINTRAG

Gott, ich danke dir für ...

Gott, ich bitte dich ...

GEBET

Jesus, mein Bruder und Herr,
Tag für Tag möchte ich dich bitten.

Um drei Dinge bitte ich dich:
Lass mich dein Wort besser verstehen.
Hilf mir, deine Liebe besser weiterzugeben.
Hilf mir, dir entschiedener nachzufolgen.
Tag für Tag.
Amen.

Wage es! Bleib nicht stecken!

3. Stunde

Auf das Leben achten

Wer sein Leben einfach ablebt, es hinter sich bringt, ohne viel zu fragen oder nach Antworten zu suchen, dem geht das eigentliche Leben ab. Auch wenn es nicht immer klare Antworten gibt, so lohnt es sich dennoch zu fragen. Das Leben ist äußerst vielfältig und doch so einfach, eine bunte, aber runde Sache.

Markus 3,7 – 5,43

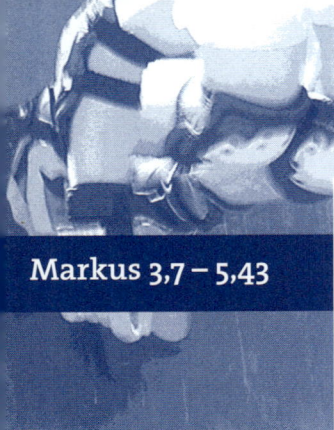

3 Jesus, ein gefragter Mann

⁷ Jesus zog sich mit seinen Jüngern an den See zurück. Viele Menschen aus Galiläa aber folgten ihm. Auch aus Judäa, ⁸ aus Jerusalem und Idumäa, aus dem Gebiet jenseits des Jordan und aus der Gegend von Tyrus und Sidon kamen Scharen von Menschen zu ihm, als sie von alldem hörten, was er tat.

⁹ Da sagte er zu seinen Jüngern, sie sollten ein Boot für ihn bereithalten, damit er von der Menge nicht erdrückt werde. ¹⁰ Denn er heilte viele, sodass alle, die ein Leiden hatten, sich an ihn herandrängten, um ihn zu berühren. ¹¹ Wenn die von unreinen Geistern Besessenen ihn sahen, fielen sie vor ihm nieder und schrien: „Du bist der Sohn Gottes!" ¹² Er aber verbot ihnen streng, bekannt zu machen, wer er sei.

Es geht nicht allein

¹³ Jesus stieg auf einen Berg und rief die zu sich, die er erwählt hatte, und sie kamen zu ihm. ¹⁴ Und er setzte zwölf ein, die er bei sich haben und die er dann aussenden wollte, damit sie predigten ¹⁵ und mit seiner Vollmacht Dämonen austrieben. ¹⁶ Die Zwölf, die er einsetzte, waren: Petrus – diesen Beinamen gab er dem Simon –, ¹⁷ Jakobus, der Sohn des Zebedäus, und Johannes, der Bruder des Jakobus – ihnen gab er den Beinamen Boanerges, das heißt Donnersöhne –, ¹⁸ dazu Andreas, Philippus, Bartholomäus, Matthäus, Thomas, Jakobus, der Sohn des Alphäus, Thaddäus, Simon Kananäus ¹⁹ und Judas Iskariot, der ihn dann verraten hat.

Selbst die Nächsten verstehen nicht immer

²⁰ Jesus ging in ein Haus und wieder kamen so viele Menschen zusammen, dass er und die Jünger nicht einmal mehr essen konnten. ²¹ Als seine Angehörigen davon hörten, machten sie sich auf den Weg, um ihn mit Gewalt zurückzuholen; denn sie sagten: „Er ist von Sinnen."

Dumme Unterstellungen

²² Die Schriftgelehrten, die von Jerusalem herabgekommen waren, sagten: „Er ist von Beelzebul besessen; mit Hilfe des Anführers der Dämonen treibt er die Dämonen aus." ²³ Da rief er sie zu sich und belehrte sie in Form von Gleichnissen: „Wie kann der Satan den Satan austreiben? ²⁴ Wenn ein Reich in sich gespalten ist, kann es keinen Bestand haben. ²⁵ Wenn eine Familie in sich gespalten ist, kann sie keinen Bestand haben. ²⁶ Und wenn sich der Satan gegen sich selbst erhebt und mit sich selbst im Streit liegt, kann er keinen Bestand haben, sondern es ist um ihn geschehen. ²⁷ Es kann aber auch keiner in das Haus eines starken Mannes einbrechen und ihm den Hausrat rauben, wenn er den Mann nicht vorher fesselt; erst dann

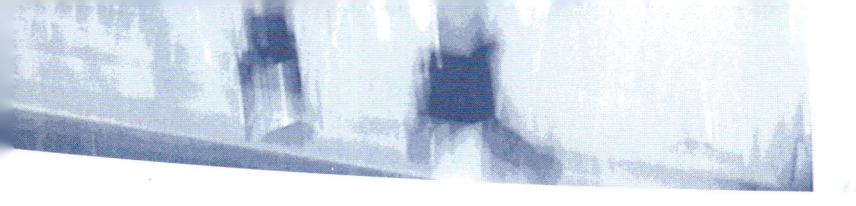

kann er sein Haus plündern. ²⁸ Amen, das sage ich euch: Alle Vergehen und Lästerungen werden den Menschen vergeben werden, so viel sie auch lästern mögen; ²⁹ wer aber den Heiligen Geist lästert, der findet in Ewigkeit keine Vergebung, sondern seine Sünde wird ewig an ihm haften." ³⁰ Sie hatten nämlich gesagt: „Er ist von einem unreinen Geist besessen."

Mit Jesus verwandt!

³¹ Da kamen seine Mutter und seine Brüder; sie blieben vor dem Haus stehen und ließen ihn herausrufen. ³² Es saßen viele Leute um ihn herum und man sagte zu ihm: „Deine Mutter und deine Brüder stehen draußen und fragen nach dir." ³³ Er erwiderte: „Wer ist meine Mutter und wer sind meine Brüder?" ³⁴ Und er blickte auf die Menschen, die im Kreis um ihn herumsaßen, und sagte: „Das hier sind meine Mutter und meine Brüder. ³⁵ Wer den Willen Gottes erfüllt, der ist für mich Bruder und Schwester und Mutter."

Es lohnt sich auf jeden Fall zu säen

4 ¹ Ein andermal lehrte er wieder am Ufer des Sees und sehr viele Menschen versammelten sich um ihn. Er stieg deshalb in ein Boot auf dem See und setzte sich; die Leute aber standen am Ufer. ² Und er sprach lange zu ihnen und lehrte sie in Form von Gleichnissen. Bei dieser Belehrung sagte er zu ihnen: ³ „Hört! Ein Sämann ging aufs Feld, um zu säen. ⁴ Als er säte, fiel ein Teil der Körner auf den Weg und die Vögel kamen und fraßen sie. ⁵ Ein anderer Teil fiel auf felsigen Boden, wo es nur wenig Erde gab, und ging sofort auf, weil das Erdreich nicht tief war; ⁶ als aber die Sonne hochstieg, wurde die Saat versengt und verdorrte, weil sie keine Wurzeln hatte. ⁷ Wieder ein anderer Teil fiel in die Dornen und die Dornen wuchsen und erstickten die Saat und sie brachte keine Frucht. ⁸ Ein anderer Teil schließlich fiel auf guten Boden und brachte Frucht; die Saat ging auf und wuchs empor und trug dreißigfach, ja sechzigfach und hundertfach." ⁹ Und Jesus sprach: „Wer Ohren hat zum Hören, der höre!"

Nicht alles lässt sich managen

¹⁰ Als er mit seinen Begleitern und den Zwölf allein war, fragten sie ihn nach dem Sinn seiner Gleichnisse. ¹¹ Da sagte er zu ihnen: „Euch ist das Geheimnis des Reiches Gottes anvertraut; denen aber, die draußen sind, wird alles in Gleichnissen gesagt; ¹² denn sehen sollen sie, sehen,

aber nicht erkennen; hören sollen sie, hören, aber nicht verstehen, damit sie sich nicht bekehren und ihnen nicht vergeben wird."

Pass auf!

¹³ Und er sagte zu ihnen: „Wenn ihr schon dieses Gleichnis nicht versteht, wie wollt ihr dann all die anderen Gleichnisse verstehen? ¹⁴ Der Sämann sät das Wort. ¹⁵ Auf den Weg fällt das Wort bei denen, die es zwar hören, aber sofort kommt der Satan und nimmt das Wort weg, das in sie gesät wurde. ¹⁶ Ähnlich ist es bei den Menschen, bei denen das Wort auf felsigen Boden fällt: Sobald sie es hören, nehmen sie es freudig auf; ¹⁷ aber sie haben keine Wurzeln, sondern sind unbeständig, und wenn sie dann um des Wortes willen bedrängt oder verfolgt werden, kommen sie sofort zu Fall.
¹⁸ Bei anderen fällt das Wort in die Dornen: Sie hören es zwar, ¹⁹ aber die Sorgen der Welt, der trügerische Reichtum und die Gier nach all den anderen Dingen machen sich breit und ersticken es und es bringt keine Frucht. ²⁰ Auf guten Boden ist das Wort bei denen gesät, die es hören und aufnehmen und Frucht bringen, dreißigfach, ja sechzigfach und hundertfach."

Strahle und sei großzügig! Es lohnt sich!

²¹ Er sagte zu ihnen: „Zündet man etwa ein Licht an und stülpt ein Gefäß darüber oder stellt es unter das Bett? Stellt man es nicht auf den Leuchter? ²² Es gibt nichts Verborgenes, das nicht offenbar wird, und nichts Geheimes, das nicht an den Tag kommt. ²³ Wenn einer Ohren hat zum Hören, so höre er!"
²⁴ Weiter sagte er: „Achtet auf das, was ihr hört! Nach dem Maß, mit dem ihr messt und zuteilt, wird euch zugeteilt werden, ja, es wird euch noch mehr gegeben. ²⁵ Denn wer hat, dem wird gegeben; wer aber nicht hat, dem wird auch noch weggenommen, was er hat."

Wir können nicht sehen, wie das Gute wächst ...

²⁶ Er sagte: „Mit dem Reich Gottes ist es so, wie wenn ein Mann Samen auf seinen Acker sät; ²⁷ dann schläft er und steht wieder auf, es wird Nacht und wird Tag, der Samen keimt und wächst und der Mann weiß nicht, wie. ²⁸ Die Erde bringt von selbst ihre Frucht, zuerst den Halm, dann die Ähre, dann das volle Korn in der Ähre. ²⁹ Sobald aber die Frucht reif ist, legt er die Sichel an; denn die Zeit der Ernte ist da."

... aber es wächst!

³⁰ Er sagte: „Womit sollen wir das Reich Gottes vergleichen, mit welchem Gleichnis sollen wir es beschreiben? ³¹ Es gleicht einem Senfkorn. Dieses ist das kleinste von allen Samenkörnern, die man in die Erde sät. ³² Ist es aber gesät, dann geht es auf und wird größer als alle anderen Gewächse und treibt große Zweige, sodass in seinem Schatten die Vögel des Himmels nisten können."

Hört genau hin

³³ Durch viele solche Gleichnisse verkündete er ihnen das Wort, so wie sie es aufnehmen konnten. ³⁴ Er redete nur in Gleichnissen zu ihnen; seinen Jüngern aber erklärte er alles, wenn er mit ihnen allein war.

Wir werden schon nicht untergehen

³⁵ Am Abend dieses Tages sagte er zu ihnen: „Wir wollen ans andere Ufer hinüberfahren." ³⁶ Sie schickten die Leute fort und fuhren mit ihm in dem Boot, in dem er saß, weg; einige andere Boote begleiteten ihn. ³⁷ Plötzlich erhob sich ein heftiger Wirbelsturm, und die Wellen schlugen in das Boot, sodass es sich mit Wasser zu füllen begann. ³⁸ Er aber lag hinten im Boot auf einem Kissen und schlief. Sie weckten ihn und riefen: „Meister, kümmert es dich nicht, dass wir zugrunde gehen?"
³⁹ Da stand er auf, drohte dem Wind und sagte zu dem See: „Schweig, sei still!" Und der Wind legte sich und es trat völlige Stille ein. ⁴⁰ Er sagte zu ihnen: „Warum habt ihr solche Angst? Habt ihr noch keinen Glauben?" ⁴¹ Da ergriff sie große Furcht und sie sagten zueinander: „Was ist das für ein Mensch, dass ihm sogar der Wind und der See gehorchen?"

Es kann kosten, neu anfangen zu wollen

5 ¹ Sie kamen an das andere Ufer des Sees, in das Gebiet von Gerasa. ² Als er aus dem Boot stieg, lief ihm ein Mann entgegen, der von einem unreinen Geist besessen war. Er kam von den Grabhöhlen, ³ in denen er lebte. Man konnte ihn nicht bändigen, nicht einmal mit Fesseln. ⁴ Schon oft hatte man ihn an Händen und Füßen gefesselt, aber er hatte die Ketten gesprengt und die Fesseln zerrissen; niemand konnte ihn bezwingen. ⁵ Bei Tag und Nacht schrie er unaufhörlich in den Grabhöhlen und auf den Bergen und schlug sich mit Steinen. ⁶ Als er Jesus von Weitem sah, lief er zu ihm hin, warf sich vor ihm nieder ⁷ und schrie laut: „Was habe ich mit dir zu tun, Jesus, Sohn des höchsten Gottes? Ich beschwöre dich bei Gott,

quäle mich nicht!" ⁸ Jesus hatte nämlich zu ihm gesagt: „Verlass diesen Mann, du unreiner Geist!" ⁹ Jesus fragte ihn: „Wie heißt du?" Er antwortete: „Mein Name ist Legion; denn wir sind viele." ¹⁰ Und er flehte Jesus an, sie nicht aus dieser Gegend zu verbannen.
¹¹ Nun weidete dort an einem Berghang gerade eine große Schweineherde. ¹² Da baten ihn die Dämonen: „Lass uns doch in die Schweine hineinfahren!" ¹³ Jesus erlaubte es ihnen. Darauf verließen die unreinen Geister den Menschen und fuhren in die Schweine und die Herde stürzte sich den Abhang hinab in den See. Es waren etwa zweitausend Tiere und alle ertranken. ¹⁴ Die Hirten flohen und erzählten alles in der Stadt und in den Dörfern. Darauf eilten die Leute herbei, um zu sehen, was geschehen war.
¹⁵ Sie kamen zu Jesus und sahen bei ihm den Mann, der von der Legion Dämonen besessen gewesen war. Er saß ordentlich gekleidet da und war wieder bei Verstand. Da fürchteten sie sich. ¹⁶ Die, die alles gesehen hatten, berichteten ihnen, was mit dem Besessenen und mit den Schweinen geschehen war. ¹⁷ Darauf baten die Leute Jesus, ihr Gebiet zu verlassen.

Jesus treibt nicht in die Fremde

¹⁸ Als er ins Boot stieg, bat ihn der Mann, der zuvor von den Dämonen besessen war, bei ihm bleiben zu dürfen. ¹⁹ Aber Jesus erlaubte es ihm nicht, sondern sagte: „Geh nach Hause und berichte deiner Familie alles, was der Herr für dich getan und wie er Erbarmen mit dir gehabt hat." ²⁰ Da ging der Mann weg und verkündete in der ganzen Dekapolis, was Jesus für ihn getan hatte, und alle staunten.

Unglaublich, aber wahr: Jesus schenkt Leben!

²¹ Jesus fuhr im Boot wieder ans andere Ufer hinüber und eine große Menschenmenge versammelte sich um ihn. Während er noch am See war, ²² kam ein Synagogenvorsteher namens Jaïrus zu ihm. Als er Jesus sah, fiel er ihm zu Füßen ²³ und flehte ihn um Hilfe an; er sagte: „Meine Tochter liegt im Sterben. Komm und leg ihr die Hände auf, damit sie wieder gesund wird und am Leben bleibt." ²⁴ Da ging Jesus mit ihm. Viele Menschen folgten ihm und drängten sich um ihn.

²⁵ Darunter war eine Frau, die schon zwölf Jahre an Blutungen litt. ²⁶ Sie war von vielen Ärzten behandelt worden und hatte dabei sehr zu leiden; ihr ganzes Vermögen hatte sie ausgegeben, aber es hatte ihr nichts genutzt, sondern ihr Zustand war immer schlimmer geworden.
²⁷ Sie hatte von Jesus gehört. Nun drängte sie sich in der Menge von hinten an ihn heran und berührte sein Gewand. ²⁸ Denn sie sagte sich: „Wenn ich auch nur sein Gewand berühre, werde ich geheilt." ²⁹ Sofort hörte die Blutung auf und sie spürte deutlich, dass sie von ihrem Leiden geheilt war. ³⁰ Im selben Augenblick fühlte Jesus, dass eine Kraft von ihm ausströmte, und er wandte sich in dem Gedränge um und fragte: „Wer hat mein Gewand berührt?" ³¹ Seine Jünger sagten zu ihm: „Du siehst doch, wie sich die Leute um dich drängen, und da fragst du: Wer hat mich berührt?" ³² Er blickte umher, um zu sehen, wer es getan hatte. ³³ Da kam die Frau, zitternd vor Furcht, weil sie wusste, was mit ihr geschehen war; sie fiel vor ihm nieder und sagte ihm die ganze Wahrheit. ³⁴ Er aber sagte zu ihr: „Meine Tochter, dein Glaube hat dir geholfen. Geh in Frieden! Du sollst von deinem Leiden geheilt sein."
³⁵ Während Jesus noch redete, kamen Leute, die zum Haus des Synagogenvorstehers gehörten, und sagten (zu Jaïrus): „Deine Tochter ist gestorben. Warum bemühst du den Meister noch länger?" ³⁶ Jesus, der diese Worte gehört hatte, sagte zu dem Synagogenvorsteher: „Sei ohne Furcht; glaube nur!" ³⁷ Und er ließ keinen mitkommen außer Petrus, Jakobus und Johannes, den Bruder des Jakobus.
³⁸ Sie gingen zum Haus des Synagogenvorstehers. Als Jesus den Lärm bemerkte und hörte, wie die Leute laut weinten und jammerten, ³⁹ trat er ein und sagte zu ihnen: „Warum schreit und weint ihr? Das Kind ist nicht gestorben, es schläft nur." ⁴⁰ Da lachten sie ihn aus. Er aber schickte alle hinaus und nahm außer seinen Begleitern nur die Eltern mit in den Raum, in dem das Kind lag. ⁴¹ Er fasste das Kind an der Hand und sagte zu ihm: „Talita kum!", das heißt übersetzt: „Mädchen, ich sage dir, steh auf!"
⁴² Sofort stand das Mädchen auf und ging umher. Es war zwölf Jahre alt. Die Leute gerieten außer sich vor Entsetzen. ⁴³ Doch er schärfte ihnen ein, niemand dürfe etwas davon erfahren; dann sagte er, man solle dem Mädchen etwas zu essen geben.

Das bewegt mich

? Welches Wort oder welche Tat von Jesus hat mich heute besonders angesprochen?

? Welchem Problem ist Jesus begegnet?

? Wie hat Jesus reagiert?

? Was kann seine Tat oder sein Wort bei mir bewirken?

- Welche Bedeutung haben meine Freundinnen/Freunde in meinem Leben?

- Wie geht es dir im Prozess der „Abnabelung" von deinen Eltern, Lehrern, Verwandten …?

- Jesus redet nicht einfach so daher. Er will uns die Augen öffnen, zum Nachdenken anregen. Wann hast du zum letzten Mal „Aha!" gesagt?

DENKE NACH!

DENKE NACH!

❓ Viele denken: Wenn Gott da wäre, müsste alles anders und besser sein. Jesus sagt: Gott ist dennoch da! Wie denkst du darüber?

❓ Wer auf Wunder wartet, muss lange warten können. Aber das gibt es: wunderbare Rettung in ausweglosen Lage. Hast du das selbst schon einmal erlebt?

Datum:

MEIN TAGEBUCHEINTRAG

Gott, ich danke dir für …

Gott, ich bitte dich …

GEBET

Herr,
dein Wort ist wie ein Samenkorn.
Lass es in mir auf guten Boden fallen.
Hilf mir, dass mein Leben gute Früchte trägt.
Lass mich deine Nähe spüren,
wenn ich mit anderen zusammen bin
und wir miteinander dein Wort lesen.
Öffne mein Herz,
dass deine Botschaft durch mich Heil
und Frieden bringt.
Amen.

Glaube! Lass dich überraschen!

4. Stunde ## Heilung erfahren

Leben braucht eine Mitte, eine ausgerichtete Achse. Nicht zum Ausruhen – auch das – , jedoch eher als Halt für das bunte, vielfältige Leben. Wenn der Glaube die Achse ist, das, was hält, dann kann ich mich mit allem beschäftigen, was mir in dieser Welt begegnet. Nichts wird mir schaden. Es ist wie bei einem Rad: Nabe und Speichen geben ihm Halt. Dann kann es rollen …

Markus 6,1 – 8,26

Voreingenommenheit macht dumm

6 ¹ Von dort brach Jesus auf und kam in seine Heimatstadt; seine Jünger begleiteten ihn. ² Am Sabbat lehrte er in der Synagoge. Und die vielen Menschen, die ihm zuhörten, staunten und sagten: „Woher hat er das alles? Was ist das für eine Weisheit, die ihm gegeben ist! Und was sind das für Wunder, die durch ihn geschehen! ³ Ist das nicht der Zimmermann, der Sohn der Maria und der Bruder von Jakobus, Joses, Judas und Simon? Leben nicht seine Schwestern hier unter uns?" Und sie nahmen Anstoß an ihm und lehnten ihn ab.
⁴ Da sagte Jesus zu ihnen: „Nirgends hat ein Prophet so wenig Ansehen wie in seiner Heimat, bei seinen Verwandten und in seiner Familie." ⁵ Und er konnte dort kein Wunder tun; nur einigen Kranken legte er die Hände auf und heilte sie. ⁶ᵃ Und er wunderte sich über ihren Unglauben.

Wie wenig man doch wirklich braucht!

⁶ᵇ Jesus zog durch die benachbarten Dörfer und lehrte. ⁷ Er rief die Zwölf zu sich und sandte sie aus, jeweils zwei zusammen. Er gab ihnen die Vollmacht, die unreinen Geister auszutreiben, ⁸ und er gebot ihnen, außer einem Wanderstab nichts auf den Weg mitzunehmen, kein Brot, keine Vorratstasche, kein Geld im Gürtel, ⁹ kein zweites Hemd und an den Füßen nur Sandalen. ¹⁰ Und er sagte zu ihnen: „Bleibt in dem Haus, in dem ihr einkehrt, bis ihr den Ort wieder verlasst. ¹¹ Wenn man euch aber in einem Ort nicht aufnimmt und euch nicht hören will, dann geht weiter und schüttelt den Staub von euren Füßen, zum Zeugnis gegen sie."
¹² Die Zwölf machten sich auf den Weg und riefen die Menschen zur Umkehr auf. ¹³ Sie trieben viele Dämonen aus und salbten viele Kranke mit Öl und heilten sie.

Sensationsmeldungen täuschen

¹⁴ Der König Herodes hörte von Jesus; denn sein Name war bekannt geworden und man sagte: „Johannes der Täufer ist von den Toten auferstanden; deshalb wirken solche Kräfte in ihm." ¹⁵ Andere sagten: „Er ist Elija." Wieder andere: „Er ist ein Prophet, wie einer von den alten Propheten." ¹⁶ Als aber Herodes von ihm hörte, sagte er: „Johannes, den ich enthaupten ließ, ist auferstanden."

Propheten riskieren Kopf und Kragen

¹⁷ Herodes hatte nämlich Johannes festnehmen und ins Gefängnis werfen lassen. Schuld daran war Herodias, die Frau seines Bruders Philippus, die er geheiratet hatte. ¹⁸ Denn Johannes hatte zu Herodes gesagt: „Du hattest nicht das Recht, die Frau deines Bruders zur Frau zu

nehmen." ¹⁹ Herodias verzieh ihm das nicht und wollte ihn töten lassen. Sie konnte ihren Plan aber nicht durchsetzen, ²⁰ denn Herodes fürchtete sich vor Johannes, weil er wusste, dass dieser ein gerechter und heiliger Mann war. Darum schützte er ihn. Sooft er mit ihm sprach, wurde er unruhig und ratlos, und doch hörte er ihm gern zu.
²¹ Eines Tages ergab sich für Herodias eine günstige Gelegenheit. An seinem Geburtstag lud Herodes seine Hofbeamten und Offiziere zusammen mit den vornehmsten Bürgern von Galiläa zu einem Festmahl ein. ²² Da kam die Tochter der Herodias und tanzte und sie gefiel dem Herodes und seinen Gästen so sehr, dass der König zu ihr sagte: „Wünsch dir, was du willst; ich werde es dir geben." ²³ Er schwor ihr sogar: „Was du auch von mir verlangst, ich will es dir geben, und wenn es die Hälfte meines Reiches wäre." ²⁴ Sie ging hinaus und fragte ihre Mutter: „Was soll ich mir wünschen?" Herodias antwortete: „Den Kopf des Täufers Johannes." ²⁵ Da lief das Mädchen zum König hinein und sagte: „Ich will, dass du mir sofort auf einer Schale den Kopf des Täufers Johannes bringen lässt." ²⁶ Da wurde der König sehr traurig, aber weil er vor allen Gästen einen Schwur geleistet hatte, wollte er ihren Wunsch nicht ablehnen. ²⁷ Deshalb befahl er einem Scharfrichter, sofort ins Gefängnis zu gehen und den Kopf des Täufers herzubringen. Der Scharfrichter ging und enthauptete Johannes. ²⁸ Dann brachte er den Kopf auf einer Schale, gab ihn dem Mädchen und das Mädchen gab ihn seiner Mutter. ²⁹ Als die Jünger des Johannes das hörten, kamen sie, holten seinen Leichnam und legten ihn in ein Grab.

Es reicht oft für mehr, als wir meinen

³⁰ Die Apostel versammelten sich wieder bei Jesus und berichteten ihm alles, was sie getan und gelehrt hatten. ³¹ Da sagte er zu ihnen: „Kommt mit an einen einsamen Ort, wo wir allein sind, und ruht ein wenig aus." Denn sie fanden nicht einmal Zeit zum Essen, so zahlreich waren die Leute, die kamen und gingen. ³² Sie fuhren also mit dem Boot in eine einsame Gegend, um allein zu sein. ³³ Aber man sah sie abfahren und viele erfuhren davon; sie liefen zu Fuß aus allen Städten dorthin und kamen noch vor ihnen an.
³⁴ Als er ausstieg und die vielen Menschen sah, hatte er Mitleid mit ihnen; denn sie waren wie Schafe, die keinen Hirten haben. Und er lehrte sie lange.
³⁵ Gegen Abend kamen seine Jünger zu ihm und sagten: „Der Ort ist abgelegen und es ist schon spät. ³⁶ Schick sie weg, damit sie in die umliegenden Gehöfte und Dörfer gehen und sich etwas zu essen kaufen können." ³⁷ Er erwiderte: „Gebt ihr ihnen zu essen!" Sie sagten zu ihm: „Sollen wir weggehen, für zweihundert Denare Brot kaufen und es ihnen geben, damit

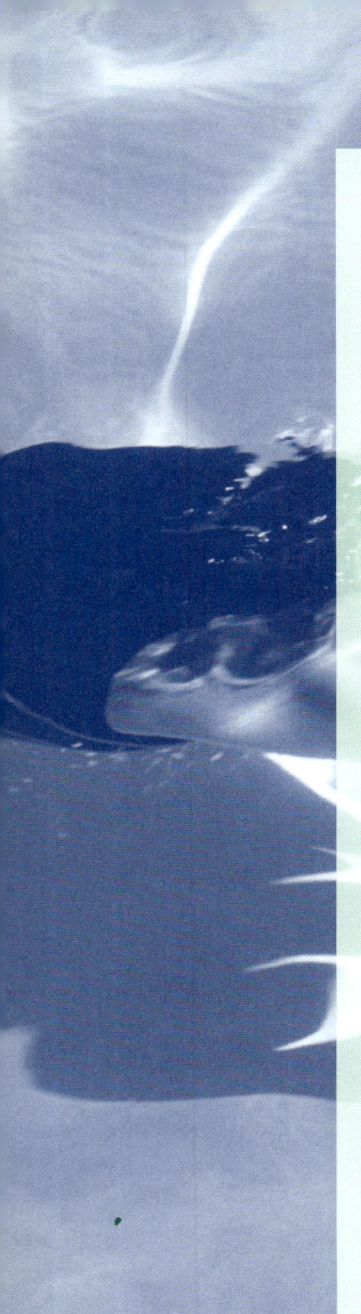

sie zu essen haben?" ³⁸ Er sagte zu ihnen: „Wie viele Brote habt ihr? Geht und seht nach!" Sie sahen nach und berichteten: „Fünf Brote und außerdem zwei Fische." ³⁹ Dann befahl er ihnen, den Leuten zu sagen, sie sollten sich in Gruppen ins grüne Gras setzen. ⁴⁰ Und sie setzten sich in Gruppen zu hundert und zu fünfzig.
⁴¹ Darauf nahm er die fünf Brote und die zwei Fische, blickte zum Himmel auf, sprach den Lobpreis, brach die Brote und gab sie den Jüngern, damit sie sie an die Leute austeilten. Auch die zwei Fische ließ er unter allen verteilen. ⁴² Und alle aßen und wurden satt. ⁴³ Als die Jünger die Reste der Brote und auch der Fische einsammelten, wurden zwölf Körbe voll. ⁴⁴ Es waren fünftausend Männer, die von den Broten gegessen hatten.

Selbst Jesu Jünger hatten eine lange Leitung

⁴⁵ Gleich darauf forderte er seine Jünger auf, ins Boot zu steigen und ans andere Ufer nach Betsaida vorauszufahren. Er selbst wollte inzwischen die Leute nach Hause schicken.
⁴⁶ Nachdem er sich von ihnen verabschiedet hatte, ging er auf einen Berg, um zu beten.
⁴⁷ Spät am Abend war das Boot mitten auf dem See, er aber war allein an Land. ⁴⁸ Und er sah, wie sie sich beim Rudern abmühten, denn sie hatten Gegenwind. In der vierten Nachtwache ging er auf dem See zu ihnen hin, wollte aber an ihnen vorübergehen.
⁴⁹ Als sie ihn über den See gehen sahen, meinten sie, es sei ein Gespenst, und schrien auf.
⁵⁰ Alle sahen ihn und erschraken. Doch er begann mit ihnen zu reden und sagte: „Habt Vertrauen, ich bin es; fürchtet euch nicht!" ⁵¹ Dann stieg er zu ihnen ins Boot und der Wind legte sich. Sie aber waren bestürzt und außer sich. ⁵² Denn sie waren nicht zur Einsicht gekommen, als das mit den Broten geschah; ihr Herz war verstockt.

Stadtbekannt

⁵³ Sie fuhren auf das Ufer zu, kamen nach Gennesaret und legten dort an. ⁵⁴ Als sie aus dem Boot stiegen, erkannte man ihn sofort. ⁵⁵ Die Menschen eilten durch die ganze Gegend und brachten die Kranken auf Tragbahren zu ihm, sobald sie hörten, wo er war. ⁵⁶ Und immer, wenn er in ein Dorf oder eine Stadt oder zu einem Gehöft kam, trug man die Kranken auf die Straße hinaus und bat ihn, er möge sie wenigstens den Saum seines Gewandes berühren lassen. Und alle, die ihn berührten, wurden geheilt.

Auf das Herz kommt es an

7 ¹ Die Pharisäer und einige Schriftgelehrte, die aus Jerusalem gekommen waren, hielten sich bei Jesus auf. ² Sie sahen, dass einige seiner Jünger ihr Brot mit unreinen, das

heißt mit ungewaschenen Händen aßen. ³ Die Pharisäer essen nämlich wie alle Juden nur, wenn sie vorher mit einer Hand voll Wasser die Hände gewaschen haben, wie es die Überlieferung der Alten vorschreibt. ⁴ Auch wenn sie vom Markt kommen, essen sie nicht, ohne sich vorher zu waschen. Noch viele andere überlieferte Vorschriften halten sie ein, wie das Abspülen von Bechern, Krügen und Kesseln.
⁵ Die Pharisäer und die Schriftgelehrten fragten ihn also: „Warum halten sich deine Jünger nicht an die Überlieferung der Alten, sondern essen ihr Brot mit unreinen Händen?" ⁶ Er antwortete ihnen: „Der Prophet Jesaja hatte Recht mit dem, was er über euch Heuchler sagte: Dieses Volk ehrt mich mit den Lippen, sein Herz aber ist weit weg von mir. ⁷ Es ist sinnlos, wie sie mich verehren; was sie lehren, sind Satzungen von Menschen. ⁸ Ihr gebt Gottes Gebot preis und haltet euch an die Überlieferung der Menschen." ⁹ Und weiter sagte Jesus: „Sehr geschickt setzt ihr Gottes Gebot außer Kraft und haltet euch an eure eigene Überlieferung. ¹⁰ Mose hat zum Beispiel gesagt: Ehre deinen Vater und deine Mutter!, und: Wer Vater oder Mutter verflucht, soll mit dem Tod bestraft werden. ¹¹ Ihr aber lehrt: Es ist erlaubt, dass einer zu seinem Vater oder seiner Mutter sagt: Was ich dir schulde, ist Korbán, das heißt: eine Opfergabe. ¹² Damit hindert ihr ihn daran, noch etwas für Vater oder Mutter zu tun. ¹³ So setzt ihr durch eure eigene Überlieferung Gottes Wort außer Kraft. Und ähnlich handelt ihr in vielen Fällen."
¹⁴ Dann rief er die Leute wieder zu sich und sagte: „Hört mir alle zu und begreift, was ich sage: ¹⁵ Nichts, was von außen in den Menschen hineinkommt, kann ihn unrein machen, sondern was aus dem Menschen herauskommt, das macht ihn unrein." ¹⁶/¹⁷ Er verließ die Menge und ging in ein Haus. Da fragten ihn seine Jünger nach dem Sinn dieses rätselhaften Wortes.
¹⁸ Er antwortete ihnen: „Begreift auch ihr nicht? Seht ihr nicht ein, dass das, was von außen in den Menschen hineinkommt, ihn nicht unrein machen kann? ¹⁹ Denn es gelangt ja nicht in sein Herz, sondern in den Magen und wird wieder ausgeschieden." Damit erklärte Jesus alle Speisen für rein.
²⁰ Weiter sagte er: „Was aus dem Menschen herauskommt, das macht ihn unrein. ²¹ Denn von innen, aus dem Herzen der Menschen, kommen die bösen Gedanken, Unzucht, Diebstahl, Mord, ²² Ehebruch, Habgier, Bosheit, Hinterlist, Ausschweifung, Neid, Verleumdung, Hochmut und Unvernunft. ²³ All dieses Böse kommt von innen und macht den Menschen unrein."

Bei Gott ist jeder willkommen

²⁴ Jesus brach auf und zog von dort in das Gebiet von Tyrus. Er ging in ein Haus, wollte aber, dass niemand davon erfuhr; doch es konnte nicht verborgen bleiben.

²⁵ Eine Frau, deren Tochter von einem unreinen Geist besessen war, hörte von ihm; sie kam sogleich herbei und fiel ihm zu Füßen. ²⁶ Die Frau, von Geburt Syrophönizierin, war eine Heidin. Sie bat ihn, aus ihrer Tochter den Dämon auszutreiben. ²⁷ Da sagte er zu ihr: „Lasst zuerst die Kinder satt werden; denn es ist nicht recht, das Brot den Kindern wegzunehmen und den Hunden vorzuwerfen." ²⁸ Sie erwiderte ihm: „Ja, du hast Recht, Herr! Aber auch für die Hunde unter dem Tisch fällt etwas von dem Brot ab, das die Kinder essen." ²⁹ Er antwortete ihr: „Weil du das gesagt hast, sage ich dir: Geh nach Hause, der Dämon hat deine Tochter verlassen."
³⁰ Und als sie nach Hause kam, fand sie das Kind auf dem Bett liegen und sah, dass der Dämon es verlassen hatte.

Taub und stumm? Kein Grund zum Verzweifeln

³¹ Jesus verließ das Gebiet von Tyrus wieder und kam über Sidon an den See von Galiläa, mitten in das Gebiet der Dekapolis. ³² Da brachte man einen Taubstummen zu Jesus und bat ihn, er möge ihn berühren. ³³ Er nahm ihn beiseite, von der Menge weg, legte ihm die Finger in die Ohren und berührte dann die Zunge des Mannes mit Speichel; ³⁴ danach blickte er zum Himmel auf, seufzte und sagte zu dem Taubstummen: „Effata!", das heißt: „Öffne dich!" ³⁵ Sogleich öffneten sich seine Ohren, seine Zunge wurde von ihrer Fessel befreit und er konnte richtig reden.
³⁶ Jesus verbot ihnen, jemand davon zu erzählen. Doch je mehr er es ihnen verbot, desto mehr machten sie es bekannt. ³⁷ Außer sich vor Staunen sagten sie: „Er hat alles gut gemacht; er macht, dass die Tauben hören und die Stummen sprechen."

8 Wenn doch alle teilten

¹ In jenen Tagen waren wieder einmal viele Menschen um Jesus versammelt. Da sie nichts zu essen hatten, rief er die Jünger zu sich und sagte: ² „Ich habe Mitleid mit diesen Menschen; sie sind schon drei Tage bei mir und haben nichts mehr zu essen. ³ Wenn ich sie hungrig nach Hause schicke, werden sie unterwegs zusammenbrechen; denn einige von ihnen sind von weither gekommen.
⁴ Seine Jünger antworteten ihm: „Woher soll man in dieser unbewohnten Gegend Brot bekommen, um sie alle satt zu machen?" ⁵ Er fragte sie: „Wie viele Brote habt ihr?" Sie antworteten: „Sieben." ⁶ Da forderte er die Leute auf, sich auf den Boden zu setzen. Dann nahm er die sieben Brote, sprach das Dankgebet, brach die Brote und gab sie seinen Jüngern zum Verteilen; und die Jünger teilten sie an die Leute aus. ⁷ Sie hatten auch noch ein paar Fische bei sich.

Jesus segnete sie und ließ auch sie austeilen. ⁸ Die Leute aßen und wurden satt. Dann sammelte man die übrig gebliebenen Brotstücke ein, sieben Körbe voll. ⁹ Es waren etwa viertausend Menschen beisammen. Danach schickte er sie nach Hause. ¹⁰ Gleich darauf stieg er mit seinen Jüngern ins Boot und fuhr in das Gebiet von Dalmanuta.

Leben ohne Ausweis

¹¹ Da kamen die Pharisäer und begannen ein Streitgespräch mit ihm; sie forderten von ihm ein Zeichen vom Himmel, um ihn auf die Probe zu stellen. ¹² Da seufzte er tief auf und sagte: „Was fordert diese Generation ein Zeichen? Amen, das sage ich euch: Dieser Generation wird niemals ein Zeichen gegeben werden." ¹³ Und er verließ sie, stieg in das Boot und fuhr ans andere Ufer.

Einfach gut sein – das ist schon alles

¹⁴ Die Jünger hatten vergessen, bei der Abfahrt Brote mitzunehmen; nur ein einziges hatten sie dabei. ¹⁵ Und er warnte sie: „Gebt Acht, hütet euch vor dem Sauerteig der Pharisäer und dem Sauerteig des Herodes!" ¹⁶ Sie aber machten sich Gedanken, weil sie kein Brot bei sich hatten. ¹⁷ Als er das merkte, sagte er zu ihnen: „Was macht ihr euch darüber Gedanken, dass ihr kein Brot habt? Begreift und versteht ihr immer noch nicht? Ist denn euer Herz verstockt? ¹⁸ Habt ihr denn keine Augen, um zu sehen, und keine Ohren, um zu hören? Erinnert ihr euch nicht: ¹⁹ Als ich die fünf Brote für die Fünftausend brach, wie viele Körbe voll Brotstücke habt ihr da aufgesammelt?" Sie antworteten ihm: „Zwölf." ²⁰ „Und als ich die sieben Brote für die Viertausend brach, wie viele Körbe voll habt ihr da aufgesammelt?" Sie antworten: „Sieben." ²¹ Da sagte er zu ihnen: „Versteht ihr immer noch nicht?"

Es klappt nicht immer schon aufs erste Mal

²² Sie kamen nach Betsaida. Da brachte man einen Blinden zu Jesus und bat ihn, er möge ihn berühren. ²³ Er nahm den Blinden bei der Hand, führte ihn vor das Dorf hinaus, bestrich seine Augen mit Speichel, legte ihm die Hände auf und fragte ihn: „Siehst du etwas?" ²⁴ Der Mann blickte auf und sagte: „Ich sehe Menschen; denn ich sehe etwas, das wie Bäume aussieht und umhergeht." ²⁵ Da legte er ihm nochmals die Hände auf die Augen; nun sah der Mann deutlich. Er war geheilt und konnte alles ganz genau sehen. ²⁶ Jesus schickte ihn nach Hause und sagte: „Geh aber nicht in das Dorf hinein!"

DAS BEWEGT MICH

? Welches Wort oder welche Tat von Jesus hat mich heute besonders angesprochen?

Wie er die Brote und Fische geteilt hat und es für alle gereicht hat

? Welchem Problem ist Jesus begegnet?

? Wie hat Jesus reagiert?

? Was kann seine Tat oder sein Wort bei mir bewirken?

Das ich nicht nur 5 Brote sehe sondern mehr

? Welche Begabungen hast du?

Mich mit Technik auskennen

? Jeder hat auch eine ganz besondere Begabung. Welche könnte das bei dir sein? Und könnte sie für Gott/Jesus heute besonders wichtig sein? Weshalb?

Ja durch die Verbreitung könnte es wichtig sein

? Hast du Situationen erlebt, in denen es darum ging, eine eigene Meinung zu riskieren?

Ja in Gruppenarbeiten oder auch bei Diskussionen mit Freunden

? Hast du schon einmal Nachteile erfahren, als du deine eigene Meinung mutig vertreten hast?

DENKE NACH!

DENKE NACH!

? Vertrauen ist eine heikle Angelegenheit. Da kann man enttäuscht werden. Wem vertraust du am meisten?

Meiner Familie und engen Freunden

? Wenn alle teilen, werden alle satt: Gegen Hunger jeder Art ist ein Kraut gewachsen. Überlege, was damit gemeint sein könnte! Was könntest du tun?

Das für jeden genug zu Essen existiert, man dafür aber teilen muss.

? Einfach gut sein, das ist schon alles: Warum gibt es dann eigentlich so viele Gebote und Verbote?

Damit es für einen leichter ist, man hat einen Rahmen.

? Man sieht nur mit dem Herzen gut, sagt der Kleine Prinz. Was mag damit gemeint sein?

Datum:

MEIN TAGEBUCHEINTRAG

GEBET

Gott, ich danke dir für ...

Gott, ich bitte dich ...

> Herr Jesus Christus,
> Brot ist ein Zeichen für Leben.
> Du teilst mit uns das Brot,
> um uns Menschen zu zeigen,
> dass du uns ganz nahe bist und uns stärkst.
> Lass uns miteinander teilen und einander dienen.
> Schenke uns den Geist der Stärke,
> der uns dazu ermutigt.
> Amen.

Jesus,

das Problem der Bootsbesatzung ist ihre Angst.
Obwohl sie dich sehen, haben sie Angst vor dir.
Sie sehen dich, und ihre Angst wird sogar größer.
Du gesellst dich zu ihnen,
du redest sie an,
und ihre Angst wird wild.
Obwohl der Angstauslöser von dir stillgelegt wird,
sind die Jünger außer sich.
Sie sind ganz Angst.

Die Begegnung heilt die Umstände, ohne die Angst nehmen zu können.
Angst und Heilung gibt es also gleichzeitig.
Das will ich mir merken!

Gegen Angst kann man oft so wenig machen.
Angst vor dem Neuen, vor dem Fremden, Angst vor Ausländern,
Angst vor Asylanten, Angst vor Kernenergie, vor Terror,
Angst vor der Angst.

Inmitten unserer Ängste
kommst du und stillst den Sturm.

Du verlierst keine Zeit mit unseren Empfindlichkeiten,
sondern stillst den Sturm.
Du kommst unmittelbar zur Sache.
Wie oft vertrödeln wir dein Reich vor lauter Rücksicht auf die Ängstlichen:
Wenn alle schreien,
ist es gut, wenn jemand nicht die Leute beruhigt, sondern die Lage.
Manchmal ist Sachlichkeit die größere Menschlichkeit.
Zumal im Sturm.

> Nach einem Text von Michael Graff, in: Mein Markus. Ein Evangelium im täglichen Gebrauch,
> Herder, Freiburg/Basel/Wien 1988, 78f.

Fest der Mitte: Gottesdienst mit Agapefeier

am   um   Uhr

I. Wortgottesdienst

Begrüßung

Lied:
Danke, Herr, für mein Leben! (Anhang, S. 121)

Hinführung
„Gib mir ein festes Herz, mach es fest in dir."
Das Herz, das ist die Mitte unseres Lebens.
Viele Frauen und Männer machen ihr Leben fest in Gott.
Sie arbeiten in sozialen, wirtschaftlichen und politischen Berufen und bringen an ihrem Platz ihren Glauben ein.
Viele Frauen und Männer übernehmen in vielfältiger Weise Aufgaben in unserer Kirche:
• Sie leiten eine Firmgruppe oder eine Erstkommuniongruppe.
• Sie singen im Kirchenchor.
• Sie gestalten Gottesdienste.
• Sie übernehmen Verantwortung im Kirchengemeinderat.
• Kinder und Jugendliche dienen als Ministranten.
• Jugendliche übernehmen die musikalische Gestaltung von Gottesdiensten.
• Einige wenige arbeiten hauptberuflich in der Gemeinde als Priester, als Ordensschwester, als Pastoralreferentin, als Organist und in der kirchlichen Verwaltung oder nebenberuflich als Mesner oder Hausmeister.

Eines haben diese Menschen gemeinsam: Sie folgen dem Ruf Jesu von Nazaret. Jede und jeder auf seine Weise. Jede und jeder mit seinen von Gott gegebenen Fähigkeiten. Wir werden in diesem Gottesdienst hören, was es heißt, auf Gottes Wort zu hören und seinem Ruf zu folgen.

Kyrie
Herr Jesus Christus, du rufst Menschen in deine Nachfolge.
Herr, erbarme dich.
Herr Jesus Christus, du willst, dass auch heute Menschen deinem Ruf folgen.
Christus, erbarme dich.
Herr Jesus Christus, dein Ruf fordert uns heraus, zu Neuem und Unbekanntem aufzubrechen.
Herr, erbarme dich.

Lied
Herr, erbarme dich (Anhang, S. 122)

Tagesgebet
Gott, du suchst Menschen, die von dir sprechen und der Welt deine gute Botschaft weitersagen. Hilf uns, Trägheit und Menschenfurcht zu überwinden und deine Zeugen zu werden – mit unserem ganzen Leben. Darum bitten wir dich durch Jesus Christus, unseren Herrn und Bruder, der mit dir und dem Heiligen Geist lebt und Leben schenkt heute und in alle Ewigkeit. Amen.

Lesung: Deuteronomium 30,15-20

Lied
Gottes Wort ist wie Licht in der Nacht (Anhang, S. 123)

Evangelium: Markus 1,14-20 (S. 16 + 17)

Berufungsgeschichten der ersten fünf Jünger Jesu
(vorgestellt von sechs FirmandInnen)

1. Johannes – ein komischer Typ
Ich bin Johannes, genannt der Täufer. Ich war schon immer ein komischer Typ. Es begann schon vor meiner Geburt: Ein Engel kündigte mich meinem Vater an, und bis zu meiner Geburt war der gute alte Zacharias dann stumm wie ein Fisch. Ha, die Leute rissen sich das Maul auf über mich, weil ich Heuschrecken aß und im Kamelhaarmantel herumlief.
Aber das Gerede war mir egal.

Mir war mein Auftrag wichtig. Gott selbst hatte ihn mir in der Wüste gegeben: Ich sollte mit meinem ganzen Reden und Handeln Hinweis auf Jesus Christus, den Retter und Heiland für die Menschen, sein.
Okay! So verkündigte ich überall das kommende Reich Gottes. Ich taufte die Menschen und rief sie zur Umkehr von ihren inneren Abwegen auf.
Ich sollte Menschen anstoßen, sie aufrütteln, sie vorbereiten auf die Begegnung mit Jesus. Als Jesus dann selbst auftrat, war meine Aufgabe erfüllt. Zwei von meinen Leuten habe ich sogar noch persönlich zur Nachfolge ermutigt.
Als wir Jesus begegneten, sagte ich: „Seht, dort ist der, den Gott für unsere Schuld bezahlen lässt!" Sich auf ihn einlassen, das mussten sie dann selber. Ich konnte ihnen nur eine klare Auskunft geben, wer Jesus ist, und sie in seine Nähe bringen. Einer von den beiden war übrigens Andreas, der Fischer.

2. Andreas – basisorientiert
Fischer? Das war ich mal, bis ich Jesus begegnete.
Davor hatte ich mich an Johannes orientiert. Sein klarer Ruf zur Umkehr faszinierte mich – und die Botschaft, dass Gott einen Befreier schicken wird. Als wir dann Jesus begegneten, war für mich völlig klar: An ihm wollte ich dranbleiben und mehr über ihn herausfinden.
Bis zum Abend unterhielten wir uns intensiv. Ich spürte, dass ich bei Jesus am Ziel meiner Fragen und Sehnsüchte angekommen war. Bei ihm erschien mir mein Leben in einem ganz neuen Licht. Darum entschied ich mich, bei Jesus zu bleiben.
Wenig später traf ich meinen Bruder Simon. Mein Leben hatte sich verändert durch die Begegnung mit Jesus. Sollte ich ihm davon erzählen? Natürlich befürchtete ich seinen Spott. Aber andererseits wollte ich ihm etwas so Wesentliches nicht vorenthalten. Sonst wäre ich wie jemand, der weiß, wo es in der Wüste Wasser gibt, es aber verschweigt.
Ich fasste mir ein Herz und erzählte Simon von Jesus und was er für mich bedeutet. Überzeugen kann ich Menschen nicht. Das muss Jesus schon selber tun. Aber ich kann bezeugen, was das Entscheidende an Jesus ist: Nicht Parolen über Mitmenschlichkeit, nicht politische Aufrufe oder philosophische Referate sind nötig, sondern klare Bekenntnisse.
Ja, dann nahm ich Simon mit zu Jesus. Ich brachte ihn einfach in seine Nähe. Er sollte sich das alles selbst mal ansehen.

3. Simon – begabt, aber schwach

Andreas erzählte mir mit leuchtenden Augen von Jesus, das weckte meine Neugier. Wer war das, durch den mein Bruder eine so klare Ausstrahlung bekommen hatte? Was war dran an dem, was er erzählte?

Es war gut, dass Andreas mich einfach mitnahm. So war die Schwelle zu Jesus niedriger. Und dann bin ich ihm selbst begegnet. Das hat mich völlig verändert. Mein Leben bekam neuen Tiefgang. Jesus sah mich erst einmal nur an. Ich hatte das Gefühl, wirklich wahrgenommen zu werden mit meine Stärken und mit meinen inneren Abgründen, mit meinen Ängsten und Träumen. Aber ich fühlte mich dabei nicht bloßgestellt, sondern geborgen.

Was dann geschah, überraschte mich total: Jesus sprach mich an – und gab mir einen neuen Namen: „Petrus", also „Fels", sollte ich nun heißen. In Jesu Blick spürte ich Vertrauen, Zutrauen und Auftrag. Er weiß genau, wer ich bin. Er hat etwas mit mir vor. Er traut mir zu, dass ich anderen Menschen Halt geben kann.

Keine Argumente, keine Diskussion haben mich dazu gebracht, bei Jesus zu bleiben, sondern dieses schlichte Vertrauen. Darum wagte ich es, mich auf ihn einzulassen.

4. Philippus – entschlussfreudig

Meine Geschichte ist kurz. Ich stamme aus Betsaida, genau wie Andreas und Petrus. Aber mir half kein „Geburtshelfer" in die Nachfolge Jesu.

Ich bin Jesus unvermittelt selbst begegnet. Es war auf der Straße nach Galiläa, wie eine der hundert zufälligen Begegnungen an einem Tag. Unsere Blicke kreuzten sich, mitten auf der Straße. Ich stutzte, mir wurde plötzlich klar, wer da vor mir stand: der versprochene Messias, auf den wir so lange gewartet hatten. Durch ihn kommt das Leben zum Ziel.

Zwei Worte nur waren es, die meinem Leben eine völlig neue Richtung gaben: „Folge mir!" Und ich tat es. So einfach ist das. Nachfolge heißt: hinterhergehen, in den Fußstapfen bleiben, den Weg nicht mehr selber suchen müssen.

Klar, diese Entdeckung wollte ich nicht für mich behalten. Das wäre wie der Versuch, eine sprudelnde Quelle zum Versiegen zu bringen. Ich war im Innerstern bewegt. Das musste ich weitergeben. Ich habe es sofort meinem besten Freund Natanaël erzählt.

5. Natanaël – skeptisch bis auf die Knochen

Ich gebe es gerne zu, ich bin der Skeptiker in dieser Runde. Für mich war es schon immer wichtig, dass Dinge Hand und Fuß haben. Das gilt auch für religiöse Fragen. Ich hatte mich gründlich über alles informiert.

Als Philippus mich auf Jesus aufmerksam machte, war ich darum zunächst abwartend. Was sollte Wesentliches aus so einem Nest wie Nazaret kommen? Nazaret spielte doch keine Rolle in der Geschichte! Doch Philippus ließ sich nicht auf eine Diskussion mit mir ein. Meiner Skepsis stellte er eine schlichte Einladung entgegen: „Komm und sieh ihn dir selber an!"
Kein Überzeugungsversuch, sondern eine herzliche Einladung. Diese Freiheit brachte mich zu Jesus.
Meine Zweifel? Die hat dann Jesus selbst besiegt. Nicht durch Wissen und Argumentation. Er ließ mich erleben, dass er den absoluten Durchblick hatte, auch was mich persönlich betraf. Darauf konnte ich mich einlassen.

6. Jesus – unbeschreiblich
Nachfolge – ja, dazu lade ich ein. Bis heute. Allerdings muss diese Entscheidung gut überlegt sein.
Nachfolge mit langem Atem braucht eine gute Basis: die Erkenntnis, wer ich wirklich bin. Von diesem Ausgangspunkt kann man feste Schritte gehen.
Denn Nachfolge ist nicht immer leicht. Sie hat Konsequenzen. Manchmal scheitert man oder erlebt Leid. Aber: Ich bin ja dabei, und zwar da, wo jeder Mensch gerade lebt.
Nachfolge heißt: bekennen, einladen, mitnehmen. Bis heute.
Das ist von euch zu tun. Mehr nicht. Alles andere übernehme ich.
Ich tu das Wesentliche: Ich selbst leiste die Überzeugungsarbeit, wenn ihr Menschen die Begegnung mit mir sucht. Das gilt heute noch genauso. So lade ich jeden Einzelnen von euch ein: Sei mit dabei! Dann zieht Nachfolge auch heute Kreise.

Lied
Es ist der Herr, der vor dir hergeht (Anhang, S. 120)

Möglichkeit, Einzelseelsorge zu erfahren:
- **Sakrament der Beichte**
- **Seelsorgegespräch**

Siehe dazu Anhang, IV. Einzelseelsorge

Glaubensbekenntnis

Fürbitten
Zu Jesus Christus, der alle Menschen zur Nachfolge ruft, beten wir:
1. Lass junge Menschen im Gebet deine Nähe spüren und lass sie deinen Ruf zur Nachfolge hören.
2. Gib uns Mut, deiner Einladung zu folgen und als deine Freunde unterwegs zu sein.
3. Steh uns bei, mit unseren Stärken und Schwächen gut umzugehen.
4. Wir bitten dich für unsere Freunde und Bekannten: Wecke in ihnen eine neue Sehnsucht nach deinem Wort.
5. Stärke uns, dass wir uns in Wort und Tat für andere einsetzen können.
6. Wir bitten dich für unsere Gemeinden: Wecke die Bereitschaft, einander anzunehmen und dich in unserer Mitte zu feiern.

Herr Jesus Christus, du rufst uns in deine Nähe und sendest uns zu den Menschen. Erfülle uns mit dem Geist deiner Liebe und mache uns bereit, Gutes zu tun. Dir sei Ehre und Lob in alle Ewigkeit. Amen.

Vater unser

Schlussgebet
Mit den Worten des heiligen Franz von Assisi lasset uns beten:
Höchster Gott, erleuchte die Finsternis unserer Herzen und schenke uns rechten Glauben, gefestigte Hoffnung und vollendete Liebe. Gib uns, Herr, das rechte Empfinden und Erkennen, damit wir deinen heiligen und wahrhaften Auftrag erfüllen. Amen.

Segen

II. Agapefeier

Im Anschluss an den Wortgottesdienst treffen sich alle Jugendlichen zusammen mit ihren GruppenleiterInnen und dem Pfarrer und/oder der verantwortlichen pastoralen MitarbeiterIn im Gemeindehaus zur gemeinsamen Agapefeier. Auch Mesner und Organist sind eingeladen.

Die ersten Christen haben immer miteinander Gottesdienst gefeiert und dann miteinander gegessen und getrunken.

Es hat sich bewährt, dass jede Firmgruppe für einen bestimmten Bereich verantwortlich ist:
- Inhaltliche Gestaltung (Texte, Lieder, Szenen …)
- Aufbauen der Tische und Stühle
- Abbauen der Tische und Stühle
- Dekoration: Kerzen, Servietten …
- Spüldienst

Die Vorbereitung des Essens wird in der 4. Gruppenstunde unter den Firmanden so aufgeteilt, wie es in der Teambesprechung vereinbart wurde: verschiedene Salate, Brot, Kuchen, Nachtisch. Grillgut bringt jeder selbst mit. Getränke gibt es im Gemeindehaus.

Fürchte dich nicht!

5. Stunde — ## Sich dem Leben stellen

Aus der Mitte leben: Da kann man sich weit vorwagen. Nicht stehen bleiben oder einseitig bleiben. In dir steckt mehr, probier es aus, verausgabe dich, geh bis an den Rand. Natürlich warten da nicht nur Blumen, sondern auch Dornen. Wer aus seinem Leben etwas macht, muss sich einsetzen und hingeben. Er kann sich nicht verstecken. Bequemlichkeit ist nur das halbe Leben.

Markus 8,27 – 10,52

Wer ist Jesus für mich?

8 ²⁷ Jesus ging mit seinen Jüngern in die Dörfer bei Cäsarea Philippi. Unterwegs fragte er die Jünger: „Für wen halten mich die Menschen?" ²⁸ Sie sagten zu ihm: „Einige für Johannes den Täufer, andere für Elija, wieder andere für sonst einen von den Propheten." ²⁹ Da fragte er sie: „Ihr aber, für wen haltet ihr mich?" Simon Petrus antwortete ihm: „Du bist der Messias!" ³⁰ Doch er verbot ihnen, mit jemand über ihn zu sprechen.

Jesus will keine Angsthasen

³¹ Dann begann er, sie darüber zu belehren, der Menschensohn müsse vieles erleiden und von den Ältesten, den Hohenpriestern und den Schriftgelehrten verworfen werden; er werde getötet, aber nach drei Tagen werde er auferstehen. ³² Und er redete ganz offen darüber. Da nahm ihn Petrus beiseite und machte ihm Vorwürfe.
³³ Jesus wandte sich um, sah seine Jünger an und wies Petrus mit den Worten zurecht: „Weg mit dir, Satan, geh mir aus den Augen! Denn du hast nicht das im Sinn, was Gott will, sondern was die Menschen wollen."

Risiko! Doch es lohnt sich!

³⁴ Er rief die Volksmenge und seine Jünger zu sich und sagte: „Wer mein Jünger sein will, der verleugne sich selbst, nehme sein Kreuz auf sich und folge mir nach. ³⁵ Denn wer sein Leben retten will, wird es verlieren; wer aber sein Leben um meinetwillen und um des Evangeliums willen verliert, wird es retten. ³⁶ Was nützt es einem Menschen, wenn er die ganze Welt gewinnt, dabei aber sein Leben einbüßt? ³⁷ Um welchen Preis könnte ein Mensch sein Leben zurückkaufen? ³⁸ Denn wer sich vor dieser treulosen und sündigen Generation meiner und meiner Worte schämt, dessen wird sich auch der Menschensohn schämen, wenn er mit den heiligen Engeln in der Hoheit seines Vaters kommt."

9 ¹ Und er sagte zu ihnen: „Amen, ich sage euch: Von denen, die hier stehen, werden einige den Tod nicht erleiden, bis sie gesehen haben, dass das Reich Gottes in seiner ganzen Macht gekommen ist."

Es gibt Momente, in denen alles klar ist

² Sechs Tage danach nahm Jesus Petrus, Jakobus und Johannes beiseite und führte sie auf einen hohen Berg, aber nur sie allein. Und er wurde vor ihren Augen verwandelt; ³ seine Kleider

wurden strahlend weiß, so weiß, wie sie auf Erden kein Bleicher machen kann. 4 Da erschien vor ihren Augen Elija und mit ihm Mose und sie redeten mit Jesus. 5 Petrus sagte zu Jesus: „Rabbi, es ist gut, dass wir hier sind. Wir wollen drei Hütten bauen, eine für dich, eine für Mose und eine für Elija." 6 Er wusste nämlich nicht, was er sagen sollte; denn sie waren vor Furcht ganz benommen. 7 Da kam eine Wolke und warf ihren Schatten auf sie, und aus der Wolke rief eine Stimme: „Das ist mein geliebter Sohn; auf ihn sollt ihr hören." 8 Als sie dann um sich blickten, sahen sie auf einmal niemand mehr bei sich außer Jesus.
9 Während sie den Berg hinabstiegen, verbot er ihnen, irgendjemand zu erzählen, was sie gesehen hatten, bis der Menschensohn von den Toten auferstanden sei. 10 Dieses Wort beschäftigte sie und sie fragten einander, was das sei: von den Toten auferstehen.

Manches verstehen wir erst im Nachhinein
11 Da fragten sie ihn: „Warum sagen die Schriftgelehrten, zuerst müsse Elija kommen?" 12 Er antwortete: „Ja, Elija kommt zuerst und stellt alles wieder her. Aber warum heißt es dann vom Menschensohn in der Schrift, er werde viel leiden müssen und verachtet werden?" 13 Ich sage euch: „Elija ist schon gekommen, doch sie haben mit ihm gemacht, was sie wollten, wie es in der Schrift steht."

Wir könnten mehr, wenn wir nur daran glaubten
14 Als sie zu den anderen Jüngern zurückkamen, sahen sie eine große Menschenmenge um sie versammelt und Schriftgelehrte, die mit ihnen stritten. 15 Sobald die Leute Jesus sahen, liefen sie in großer Erregung auf ihn zu und begrüßten ihn. 16 Er fragte sie: „Warum streitet ihr mit ihnen?" 17 Einer aus der Menge antwortete ihm: „Meister, ich habe meinen Sohn zu dir gebracht. Er ist von einem stummen Geist besessen; 18 immer wenn der Geist ihn überfällt, wirft er ihn zu Boden und meinem Sohn tritt Schaum vor den Mund, er knirscht mit den Zähnen und wird starr. Ich habe schon deine Jünger gebeten, den Geist auszutreiben, aber sie hatten nicht die Kraft dazu." 19 Da sagte er zu ihnen: „O du ungläubige Generation! Wie lange muss ich noch bei euch sein? Wie lange muss ich euch noch ertragen? Bringt ihn zu mir!" 20 Und man führte ihn herbei. Sobald der Geist Jesus sah, zerrte er den Jungen hin und her, sodass er hinfiel und sich mit Schaum vor dem Mund auf dem Boden wälzte.
21 Jesus fragte den Vater: „Wie lange hat er das schon?" Der Vater antwortete: „Von Kind auf;

²² oft hat er ihn sogar ins Feuer oder ins Wasser geworfen, um ihn umzubringen. Doch wenn du kannst, hilf uns; hab Mitleid mit uns!" ²³ Jesus sagte zu ihm: „Wenn du kannst? Alles kann, wer glaubt." ²⁴ Da rief der Vater des Jungen: „Ich glaube; hilf meinem Unglauben!"
²⁵ Als Jesus sah, dass die Leute zusammenliefen, drohte er dem unreinen Geist und sagte: „Ich befehle dir, du stummer und tauber Geist: Verlass ihn und kehr nicht mehr in ihn zurück!" ²⁶ Da zerrte der Geist den Jungen hin und her und verließ ihn mit lautem Geschrei. Der Junge lag da wie tot, sodass alle Leute sagten: „Er ist gestorben." ²⁷ Jesus aber fasste ihn an der Hand und richtete ihn auf, und der Junge erhob sich. ²⁸ Als Jesus nach Hause kam und sie allein waren, fragten ihn seine Jünger: „Warum konnten denn wir den Dämon nicht austreiben?" ²⁹ Er antwortete ihnen: „Diese Art kann nur durch Gebet ausgetrieben werden."

Vorahnung
³⁰ Sie gingen von dort weg und zogen durch Galiläa. Er wollte aber nicht, dass jemand davon erfuhr; ³¹ denn er wollte seine Jünger über etwas belehren. Er sagte zu ihnen: „Der Menschensohn wird den Menschen ausgeliefert und sie werden ihn töten; doch drei Tage nach seinem Tod wird er auferstehen." ³² Aber sie verstanden den Sinn seiner Worte nicht, scheuten sich jedoch, ihn zu fragen.

Groß sein heißt schützen
³³ Sie kamen nach Kafarnaum. Als er dann im Haus war, fragte er sie: „Worüber habt ihr unterwegs gesprochen?" ³⁴ Sie schwiegen, denn sie hatten unterwegs miteinander darüber gesprochen, wer von ihnen der Größte sei. ³⁵ Da setzte er sich, rief die Zwölf und sagte zu ihnen: „Wer der Erste sein will, soll der Letzte von allen und der Diener aller sein." ³⁶ Und er stellte ein Kind in ihre Mitte, nahm es in seine Arme und sagte zu ihnen: ³⁷ „Wer ein solches Kind um meinetwillen aufnimmt, der nimmt mich auf; wer aber mich aufnimmt, der nimmt nicht nur mich auf, sondern den, der mich gesandt hat."

Jesus will, dass wir großzügig sind
³⁸ Da sagte Johannes zu ihm: „Meister, wir haben gesehen, wie jemand in deinem Namen Dämonen austrieb; und wir versuchten, ihn daran zu hindern, weil er uns nicht nachfolgt. ³⁹ Jesus erwiderte: „Hindert ihn nicht! Keiner, der in meinem Namen Wunder tut, kann so leicht schlecht von mir reden. ⁴⁰ Denn wer nicht gegen uns ist, der ist für uns. ⁴¹ Wer euch auch nur einen Becher Wasser zu trinken gibt, weil ihr zu Christus gehört – amen, ich sage euch: Er wird nicht um seinen Lohn kommen.

Wir müssen uns entscheiden, wohin wir wollen

⁴² Wer einen von diesen Kleinen, die an mich glauben, zum Bösen verführt, für den wäre es besser, wenn er mit einem Mühlstein um den Hals ins Meer geworfen würde. ⁴³ Wenn dich deine Hand zum Bösen verführt, dann hau sie ab; es ist besser für dich, verstümmelt in das Leben zu gelangen, als mit zwei Händen in die Hölle zu kommen, in das nie erlöschende Feuer. ⁴⁴/⁴⁵ Und wenn dich dein Fuß zum Bösen verführt, dann hau ihn ab; es ist besser für dich, verstümmelt in das Leben zu gelangen, als mit zwei Füßen in die Hölle geworfen zu werden. ⁴⁶/⁴⁷ Und wenn dich dein Auge zum Bösen verführt, dann reiß es aus; es ist besser für dich, einäugig in das Reich Gottes zu kommen, als mit zwei Augen in die Hölle geworfen zu werden, ⁴⁸ wo ihr Wurm nicht stirbt und das Feuer nicht erlischt.

Worauf brennen wir – miteinander?

⁴⁹ Denn jeder wird mit Feuer gesalzen werden. ⁵⁰ Das Salz ist etwas Gutes. Wenn das Salz die Kraft zum Salzen verliert, womit wollt ihr ihm seine Würze wiedergeben? Habt Salz in euch und haltet Frieden untereinander!"

Jesus gibt keine Ruhe

10 ¹ Von dort brach Jesus auf und kam nach Judäa und in das Gebiet jenseits des Jordan. Wieder versammelten sich viele Leute bei ihm, und er lehrte sie, wie er es gewohnt war.

Wer ist schon glücklich, wenn er verlassen wird?

² Da kamen Pharisäer zu ihm und fragten: „Darf ein Mann seine Frau aus der Ehe entlassen?" Damit wollten sie ihm eine Falle stellen. ³ Er antwortete ihnen: „Was hat euch Mose vorgeschrieben?" ⁴ Sie sagten: „Mose hat erlaubt, eine Scheidungsurkunde auszustellen und (die Frau) aus der Ehe zu entlassen." ⁵ Jesus entgegnete ihnen: „Nur weil ihr so hartherzig seid, hat er euch dieses Gebot gegeben. ⁶ Am Anfang der Schöpfung aber hat Gott sie als Mann und Frau geschaffen. ⁷ Darum wird der Mann Vater und Mutter verlassen, ⁸ und die zwei werden ein Fleisch sein. Sie sind also nicht mehr zwei, sondern eins. ⁹ Was aber Gott verbunden hat, das darf der Mensch nicht trennen." ¹⁰ Zu Hause befragten ihn die Jünger noch einmal darüber. ¹¹ Er antwortete ihnen: „Wer seine Frau aus der Ehe entlässt und eine andere heiratet, begeht ihr gegenüber Ehebruch. ¹² Auch eine Frau begeht Ehebruch, wenn sie ihren Mann aus der Ehe entlässt und einen anderen heiratet."

Was Erwachsene nur schwer verstehen

¹³ Da brachte man Kinder zu ihm, damit er ihnen die Hände auflegte. Die Jünger aber wiesen die Leute schroff ab. ¹⁴ Als Jesus das sah, wurde er unwillig und sagte zu ihnen: „Lasst die Kinder zu mir kommen; hindert sie nicht daran! Denn Menschen wie ihnen gehört das Reich Gottes. ¹⁵ Amen, das sage ich euch: Wer das Reich Gottes nicht so annimmt wie ein Kind, der wird nicht hineinkommen." ¹⁶ Und er nahm die Kinder in seine Arme; dann legte er ihnen die Hände auf und segnete sie.

Woran willst du eigentlich dein Herz hängen?

¹⁷ Als sich Jesus wieder auf den Weg machte, lief ein Mann auf ihn zu, fiel vor ihm auf die Knie und fragte ihn: „Guter Meister, was muss ich tun, um das ewige Leben zu gewinnen?" ¹⁸ Jesus antwortete: „Warum nennst du mich gut? Niemand ist gut außer Gott, dem Einen. ¹⁹ Du kennst doch die Gebote: Du sollst nicht töten, du sollst nicht die Ehe brechen, du sollst nicht stehlen, du sollst nicht falsch aussagen, du sollst keinen Raub begehen; ehre deinen Vater und deine Mutter!" ²⁰ Er erwiderte ihm: „Meister, alle diese Gebote habe ich von Jugend an befolgt." ²¹ Da sah ihn Jesus an, und weil er ihn liebte, sagte er: „Eines fehlt dir noch: Geh, verkaufe, was du hast, gib das Geld den Armen, und du wirst einen bleibenden Schatz im Himmel haben; dann komm und folge mir nach!" ²² Der Mann aber war betrübt, als er das hörte, und ging traurig weg; denn er hatte ein großes Vermögen.
²³ Da sah Jesus seine Jünger an und sagte zu ihnen: „Wie schwer ist es für Menschen, die viel besitzen, in das Reich Gottes zu kommen!" ²⁴ Die Jünger waren über seine Worte bestürzt. Jesus aber sagte noch einmal zu ihnen: „Meine Kinder, wie schwer ist es, in das Reich Gottes zu kommen! ²⁵ Eher geht ein Kamel durch ein Nadelöhr, als dass ein Reicher in das Reich Gottes gelangt." ²⁶ Sie aber erschraken noch mehr und sagten zueinander: „Wer kann dann noch gerettet werden?" ²⁷ Jesus sah sie an und sagte: „Für Menschen ist das unmöglich, aber nicht für Gott; denn für Gott ist alles möglich."

Würdet ihr einander aushelfen?

²⁸ Da sagte Petrus zu ihm: „Du weißt, wir haben alles verlassen und sind dir nachgefolgt."
²⁹ Jesus antwortete: „Amen, ich sage euch: Jeder, der um meinetwillen und um des Evangeliums willen Haus oder Brüder, Schwestern, Mutter, Vater, Kinder oder Äcker verlassen hat, ³⁰ wird das Hundertfache dafür empfangen: Jetzt in dieser Zeit wird er Häuser, Brüder, Schwestern, Mütter, Kinder und Äcker erhalten, wenn auch unter Verfolgungen, und in der kommenden

Welt das ewige Leben. ³¹ Viele aber, die jetzt die Ersten sind, werden dann die Letzten sein, und die Letzten werden die Ersten sein."

Irgendwann hält man's einfach nicht mehr aus

³² Während sie auf dem Weg hinauf nach Jerusalem waren, ging Jesus voraus. Die Leute wunderten sich über ihn, die Jünger aber hatten Angst. Da versammelte er die Zwölf wieder um sich und kündigte ihnen an, was ihm bevorstand. ³³ Er sagte: „Wir gehen jetzt nach Jerusalem hinauf; dort wird der Menschensohn den Hohenpriestern und den Schriftgelehrten ausgeliefert; sie werden ihn zum Tod verurteilen und den Heiden übergeben; ³⁴ sie werden ihn verspotten, anspucken, geißeln und töten. Aber nach drei Tagen wird er auferstehen."

Streber sind zum Kotzen! Weshalb eigentlich?

³⁵ Da traten Jakobus und Johannes, die Söhne des Zebedäus, zu ihm und sagten: „Meister, wir möchten, dass du uns eine Bitte erfüllst." ³⁶ Er antwortete: „Was soll ich für euch tun?" ³⁷ Sie sagten zu ihm: „Lass in deinem Reich einen von uns rechts und den andern links neben dir sitzen." ³⁸ Jesus erwiderte: „Ihr wisst nicht, um was ihr bittet. Könnt ihr den Kelch trinken, den ich trinke, oder die Taufe auf euch nehmen, mit der ich getauft werde?" ³⁹ Sie antworteten: „Wir können es." Da sagte Jesus zu ihnen: „Ihr werdet den Kelch trinken, den ich trinke, und die Taufe empfangen, mit der ich getauft werde. ⁴⁰ Doch den Platz zu meiner Rechten und zu meiner Linken habe nicht ich zu vergeben; dort werden die sitzen, für die diese Plätze bestimmt sind."
⁴¹ Als die zehn anderen Jünger das hörten, wurden sie sehr ärgerlich über Jakobus und Johannes. ⁴² Da rief Jesus sie zu sich und sagte: „Ihr wisst, dass die, die als Herrscher gelten, ihre Völker unterdrücken und die Mächtigen ihre Macht über die Menschen missbrauchen.
⁴³ Bei euch aber soll es nicht so sein, sondern wer bei euch groß sein will, der soll euer Diener sein, ⁴⁴ und wer bei euch der Erste sein will, soll der Sklave aller sein.
⁴⁵ Denn auch der Menschensohn ist nicht gekommen, um sich dienen zu lassen, sondern um zu dienen und sein Leben hinzugeben als Lösegeld für viele."

Sym-pathisch: mit-leiden, mit-fühlen, mit-gehen

⁴⁶ Sie kamen nach Jericho. Als er mit seinen Jüngern und einer großen Menschenmenge Jericho wieder verließ, saß an der Straße ein blinder Bettler, Bartimäus, der Sohn des Timäus.

⁴⁷ Sobald er hörte, dass es Jesus von Nazaret war, rief er laut: „Sohn Davids, Jesus, hab Erbarmen mit mir!" ⁴⁸ Viele wurden ärgerlich und befahlen ihm zu schweigen. Er aber schrie noch viel lauter: „Sohn Davids, hab Erbarmen mit mir!" ⁴⁹ Jesus blieb stehen und sagte: „Ruft ihn her!" Sie riefen den Blinden und sagten zu ihm: „Hab nur Mut, steh auf, er ruft dich." ⁵⁰ Da warf er seinen Mantel weg, sprang auf und lief auf Jesus zu. ⁵¹ Und Jesus fragte ihn: „Was soll ich dir tun?" Der Blinde antwortete: „Rabbuni, ich möchte wieder sehen können." ⁵² Da sagte Jesus zu ihm: „Geh! Dein Glaube hat dir geholfen." Im gleichen Augenblick konnte er wieder sehen, und er folgte Jesus auf seinem Weg.

[?] Welches Wort oder welche Tat von Jesus hat mich heute besonders angesprochen?

Mit dem Jungen / Glied ohne alkoholtanreichen

[?] Welchem Problem ist Jesus begegnet?

Nicht alles aufgeben vom reich

[?] Wie hat Jesus reagiert?

[?] Was kann seine Tat oder sein Wort bei mir bewirken?

DAS BEWEGT MICH

DENKE NACH!

❓ Wer bin ich? Wer bist du? Wann sollten wir dies genauer wissen?

❓ Das Leben retten, das Leben verlieren. Was ist der vordergründige, aber auch der hintergründige Sinn?

Das Leben auf Erden nur ein wenig

Heaven

❓ Der Weg ist das Ziel. Was ist wohl mit diesem Satz gemeint?

Auf dem Weg wird man schlauer

❓ Alles kann, wer glaubt. Stimmt das denn?

❓ Woran hängt dein Herz am meisten?

❓ Dienen und herrschen. Die Wahl ist nicht so einfach. Kennst du Menschen, die dienen wollen und doch andere beherrschen, oder Herrschende, die dennoch dienen?

Datum:

MEIN TAGEBUCHEINTRAG

Gott, ich danke dir für …

Gott, ich bitte dich …

Jesus, unsere eigenen Vorstellungen von dir
verhindern oft,
dass wir dir in anderen Menschen begegnen.

Ich bitte dich,
erneuere mich, mein Leben und meinen Glauben
durch das Lesen und Hören der Heiligen Schrift.
Lass mich deine heilende Nähe erleben
und öffne meine Augen und meine Ohren
für die Not der Menschen.
Amen.

GEBET

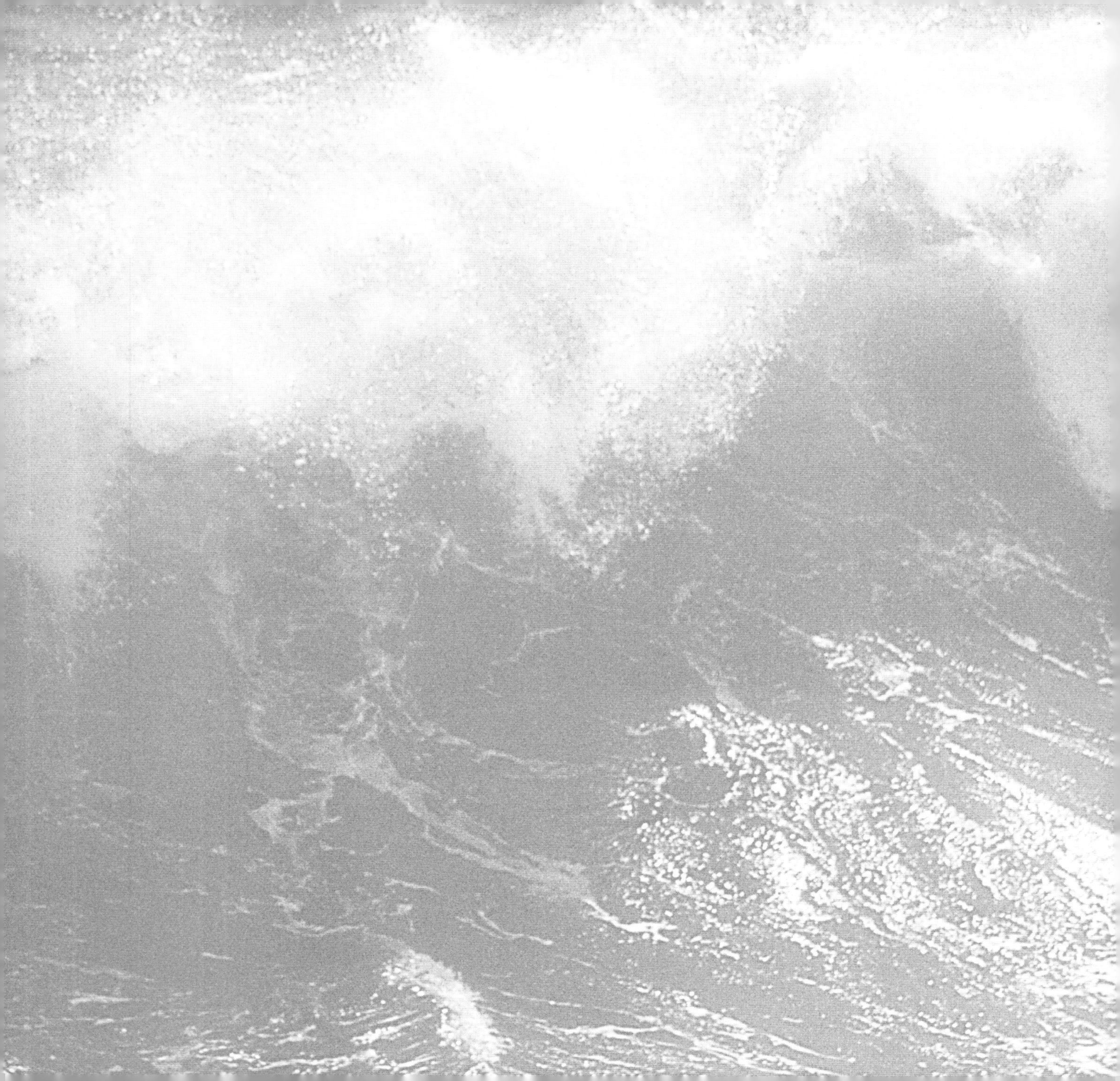

Tu was!

Konsequent bleiben

6. Stunde

Aus der Mitte leben, sich verausgaben, an den Rand gehen. Aber auch: sich begrenzen, Grenzen respektieren, die Begrenztheit des Lebens akzeptieren. Jedes Menschenleben bleibt unvollendet. Was hätte man nicht noch alles machen können und wollen? Und doch kann es eine runde Sache sein, wenn man stets wachsam die geschenkte Zeit nutzt.

Markus 11,1 – 13,37

Herzklopfen

11 ¹ Als sie in die Nähe von Jerusalem kamen, nach Betfage und Betanien am Ölberg, schickte er zwei seiner Jünger voraus. ² Er sagte zu ihnen: „Geht in das Dorf, das vor euch liegt; gleich wenn ihr hineinkommt, werdet ihr einen jungen Esel angebunden finden, auf dem noch nie ein Mensch gesessen hat. Bindet ihn los und bringt ihn her! ³ Und wenn jemand zu euch sagt: Was tut ihr da?, dann antwortet: Der Herr braucht ihn; er lässt ihn bald wieder zurückbringen."

⁴ Da machten sie sich auf den Weg und fanden außen an einer Tür an der Straße einen jungen Esel angebunden und sie banden ihn los. ⁵ Einige, die dabeistanden, sagten zu ihnen: „Wie kommt ihr dazu, den Esel loszubinden?" ⁶ Sie gaben ihnen zur Antwort, was Jesus gesagt hatte, und man ließ sie gewähren.

⁷ Sie brachten den jungen Esel zu Jesus, legten ihre Kleider auf das Tier und er setzte sich darauf. ⁸ Und viele breiteten ihre Kleider auf der Straße aus; andere rissen auf den Feldern Zweige (von den Büschen) ab und streuten sie auf den Weg.

⁹ Die Leute, die vor ihm hergingen und die ihm folgten, riefen: „Hosanna! Gesegnet sei er, der kommt im Namen des Herrn! ¹⁰ Gesegnet sei das Reich unseres Vaters David, das nun kommt. Hosanna in der Höhe!"

¹¹ Und er zog nach Jerusalem hinein, in den Tempel; nachdem er sich alles angesehen hatte, ging er spät am Abend mit den Zwölf nach Betanien hinaus.

Da hilft nichts mehr

¹² Als sie am nächsten Tag Betanien verließen, hatte er Hunger. ¹³ Da sah er von Weitem einen Feigenbaum mit Blättern und ging hin, um nach Früchten zu suchen. Aber er fand an dem Baum nichts als Blätter; denn es war nicht die Zeit der Feigenernte. ¹⁴ Da sagte er zu ihm: „In Ewigkeit soll niemand mehr eine Frucht von dir essen." Und seine Jünger hörten es.

Das musste einmal gesagt werden: Koste es, was es wolle

¹⁵ Dann kamen sie nach Jerusalem. Jesus ging in den Tempel und begann, die Händler und Käufer aus dem Tempel hinauszutreiben; er stieß die Tische der Geldwechsler und die Stände der Taubenhändler um ¹⁶ und ließ nicht zu, dass jemand irgendetwas durch den Tempelbezirk trug. ¹⁷ Er belehrte sie und sagte: „Heißt es nicht in der Schrift: Mein Haus soll ein Haus des Gebetes für alle Völker sein? Ihr aber habt daraus eine Räuberhöhle gemacht."

¹⁸ Die Hohenpriester und die Schriftgelehrten hörten davon und suchten nach einer Möglichkeit, ihn umzubringen. Denn sie fürchteten ihn, weil alle Leute von seiner Lehre sehr beeindruckt waren. ¹⁹ Als es Abend wurde, verließ Jesus mit seinen Jüngern die Stadt.

Gott ist kein Handlanger unserer Rachegelüste

²⁰ Als sie am nächsten Morgen an dem Feigenbaum vorbeikamen, sahen sie, dass er bis zu den Wurzeln verdorrt war. ²¹ Da erinnerte sich Petrus und sagte zu Jesus: „Rabbi, sieh doch, der Feigenbaum, den du verflucht hast, ist verdorrt." ²² Jesus sagte zu ihnen: „Ihr müsst Glauben an Gott haben. ²³ Amen, das sage ich euch: Wenn jemand zu diesem Berg sagt: Heb dich empor und stürz dich ins Meer!, und wenn er in seinem Herzen nicht zweifelt, sondern glaubt, dass geschieht, was er sagt, dann wird es geschehen. ²⁴ Darum sage ich euch: Alles, worum ihr betet und bittet – glaubt nur, dass ihr es schon erhalten habt, dann wird es euch zuteil. ²⁵ Und wenn ihr beten wollt und ihr habt einem anderen etwas vorzuwerfen, dann vergebt ihm, damit auch euer Vater im Himmel euch eure Verfehlungen vergibt." [26]

Man kann sich im Leben nicht immer auf andere berufen

²⁷ Sie kamen wieder nach Jerusalem. Als er im Tempel umherging, kamen die Hohenpriester, die Schriftgelehrten und die Ältesten zu ihm ²⁸ und fragten ihn: „Mit welchem Recht tust du das alles? Wer hat dir die Vollmacht gegeben, das zu tun?" ²⁹ Jesus sagte zu ihnen: „Zuerst will ich euch eine Frage vorlegen. Antwortet mir, dann werde ich euch sagen, mit welchem Recht ich das tue. ³⁰ Stammte die Taufe des Johannes vom Himmel oder von den Menschen? Antwortet mir!" ³¹ Da überlegten sie und sagten zueinander: „Wenn wir antworten: Vom Himmel!, so wird er sagen: Warum habt ihr ihm dann nicht geglaubt? ³² Sollen wir also antworten: Von den Menschen?" Sie fürchteten sich aber vor den Leuten; denn alle glaubten, dass Johannes wirklich ein Prophet war. ³³ Darum antworteten sie Jesus: „Wir wissen es nicht." Jesus erwiderte: „Dann sage auch ich euch nicht, mit welchem Recht ich das alles tue."

Gott wartet ...

12 ¹ Jesus begann zu ihnen wieder in Form von Gleichnissen zu reden. Er sagte: „Ein Mann legte einen Weinberg an, zog ringsherum einen Zaun, hob eine Kelter aus und baute einen Turm. Dann verpachtete er den Weinberg an Winzer und reiste in ein anderes Land. ² Als nun die Zeit dafür gekommen war, schickte er einen Knecht zu den Winzern, um bei

ihnen seinen Anteil an den Früchten des Weinbergs holen zu lassen. ³ Sie aber packten und prügelten ihn und jagten ihn mit leeren Händen fort.
⁴ Darauf schickte er einen anderen Knecht zu ihnen; auch ihn misshandelten und beschimpften sie. ⁵ Als er einen dritten schickte, brachten sie ihn um. Ähnlich ging es vielen anderen; die einen wurden geprügelt, die andern umgebracht.
⁶ Schließlich blieb ihm nur noch einer: sein geliebter Sohn. Ihn sandte er als Letzten zu ihnen, denn er dachte: Vor meinem Sohn werden sie Achtung haben. ⁷ Die Winzer aber sagten zueinander: Das ist der Erbe. Auf, wir wollen ihn töten, dann gehört sein Erbgut uns. ⁸ Und sie packten ihn und brachten ihn um und warfen ihn aus dem Weinberg hinaus. ⁹ Was wird nun der Besitzer des Weinbergs tun? Er wird kommen und die Winzer töten und den Weinberg anderen geben. ¹⁰ Habt ihr nicht das Schriftwort gelesen: Der Stein, den die Bauleute verworfen haben, er ist zum Eckstein geworden; ¹¹ das hat der Herr vollbracht, vor unseren Augen geschah dieses Wunder?"
¹² Daraufhin hätten sie Jesus gern verhaften lassen; aber sie fürchteten die Menge. Denn sie hatten gemerkt, dass er mit diesem Gleichnis sie meinte. Da ließen sie ihn stehen und gingen weg.

... doch worauf eigentlich?

¹³ Einige Pharisäer und einige Anhänger des Herodes wurden zu Jesus geschickt, um ihn mit einer Frage in eine Falle zu locken. ¹⁴ Sie kamen zu ihm und sagten: „Meister, wir wissen, dass du immer die Wahrheit sagst und dabei auf niemand Rücksicht nimmst; denn du siehst nicht auf die Person, sondern lehrst wirklich den Weg Gottes. Ist es erlaubt, dem Kaiser Steuer zu zahlen, oder nicht? Sollen wir sie zahlen oder nicht zahlen?" ¹⁵ Er aber durchschaute ihre Heuchelei und sagte zu ihnen: „Warum stellt ihr mir eine Falle? Bringt mir einen Denar, ich will ihn sehen." ¹⁶ Man brachte ihm einen. Da fragte er sie: „Wessen Bild und Aufschrift ist das?" Sie antworteten ihm: „Des Kaisers." ¹⁷ Da sagte Jesus zu ihnen: „So gebt dem Kaiser, was dem Kaiser gehört, und Gott, was Gott gehört!" Und sie waren sehr erstaunt über ihn.

Denk daran: Gott ist nicht ein Gott von Toten, sondern von Lebenden

¹⁸ Von den Sadduzäern, die behaupten, es gebe keine Auferstehung, kamen einige zu Jesus und fragten ihn: ¹⁹ „Meister, Mose hat uns vorgeschrieben: Wenn ein Mann, der einen Bruder hat, stirbt und eine Frau hinterlässt, aber kein Kind, dann soll sein Bruder die Frau heiraten und seinem Bruder Nachkommen verschaffen.

20 Es lebten einmal sieben Brüder. Der erste nahm sich eine Frau, und als er starb, hinterließ er keine Nachkommen. 21 Da nahm sie der zweite; auch er starb, ohne Nachkommen zu hinterlassen, und ebenso der dritte. 22 Keiner der sieben hatte Nachkommen. Als Letzte von allen starb die Frau. 23 Wessen Frau wird sie nun bei der Auferstehung sein? Alle sieben haben sie doch zur Frau gehabt."
24 Jesus sagte zu ihnen: „Ihr irrt euch, ihr kennt weder die Schrift noch die Macht Gottes. 25 Wenn nämlich die Menschen von den Toten auferstehen, werden sie nicht mehr heiraten, sondern sie werden sein wie die Engel im Himmel. 26 Dass aber die Toten auferstehen, habt ihr das nicht im Buch des Mose gelesen, in der Geschichte vom Dornbusch, in der Gott zu Mose spricht: Ich bin der Gott Abrahams, der Gott Isaaks und der Gott Jakobs? 27 Er ist doch nicht ein Gott von Toten, sondern von Lebenden. Ihr irrt euch sehr."

Bingo! So kommt man Gott nahe

28 Ein Schriftgelehrter hatte ihrem Streit zugehört; und da er bemerkt hatte, wie treffend Jesus ihnen antwortete, ging er zu ihm hin und fragte ihn: „Welches Gebot ist das erste von allen?"
29 Jesus antwortete: „Das erste ist: Höre, Israel, der Herr, unser Gott, ist der einzige Herr. 30 Darum sollst du den Herrn, deinen Gott, lieben mit ganzem Herzen und ganzer Seele, mit all deinen Gedanken und all deiner Kraft. 31 Als zweites kommt hinzu: Du sollst deinen Nächsten lieben wie dich selbst. Kein anderes Gebot ist größer als diese beiden."
32 Da sagte der Schriftgelehrte zu ihm: „Sehr gut, Meister! Ganz richtig hast du gesagt: Er allein ist der Herr, und es gibt keinen anderen außer ihm, 33 und ihn mit ganzem Herzen, ganzem Verstand und ganzer Kraft zu lieben und den Nächsten zu lieben wie sich selbst, ist weit mehr als alle Brandopfer und anderen Opfer."
34 Jesus sah, dass er mit Verständnis geantwortet hatte, und sagte zu ihm: „Du bist nicht fern vom Reich Gottes." Und keiner wagte mehr, Jesus eine Frage zu stellen.

Wage es, selbst zu denken!

35 Als Jesus im Tempel lehrte, sagte er: „Wie können die Schriftgelehrten behaupten, der Messias sei der Sohn Davids? 36 Denn David hat, vom Heiligen Geist erfüllt, selbst gesagt: Der Herr sprach zu meinem Herrn: Setze dich mir zur Rechten und ich lege dir deine Feinde unter die Füße. 37a David selbst also nennt ihn ‚Herr'. Wie kann er dann Davids Sohn sein?"

Lasst euch nicht täuschen!

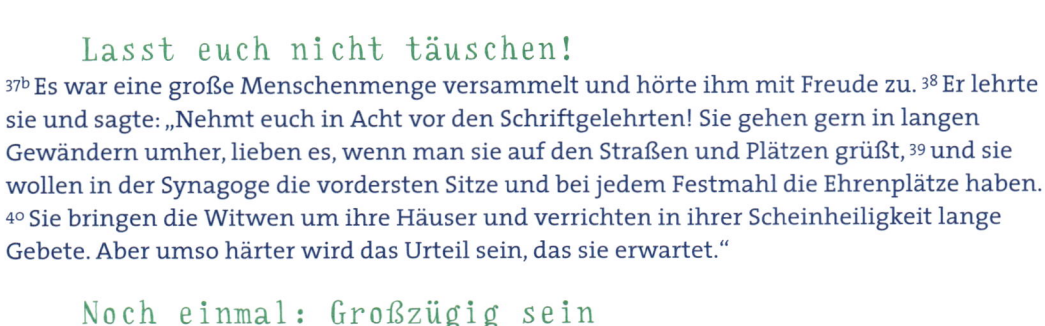

³⁷ᵇ Es war eine große Menschenmenge versammelt und hörte ihm mit Freude zu. ³⁸ Er lehrte sie und sagte: „Nehmt euch in Acht vor den Schriftgelehrten! Sie gehen gern in langen Gewändern umher, lieben es, wenn man sie auf den Straßen und Plätzen grüßt, ³⁹ und sie wollen in der Synagoge die vordersten Sitze und bei jedem Festmahl die Ehrenplätze haben. ⁴⁰ Sie bringen die Witwen um ihre Häuser und verrichten in ihrer Scheinheiligkeit lange Gebete. Aber umso härter wird das Urteil sein, das sie erwartet."

Noch einmal: Großzügig sein

⁴¹ Als Jesus einmal dem Opferkasten gegenübersaß, sah er zu, wie die Leute Geld in den Kasten warfen. Viele Reiche kamen und gaben viel. ⁴² Da kam auch eine arme Witwe und warf zwei kleine Münzen hinein. ⁴³ Er rief seine Jünger zu sich und sagte: „Amen, ich sage euch: Diese arme Witwe hat mehr in den Opferkasten hineingeworfen als alle andern. ⁴⁴ Denn sie alle haben nur etwas von ihrem Überfluss hergegeben; diese Frau aber, die kaum das Nötigste zum Leben hat, sie hat alles gegeben, was sie besaß, ihren ganzen Lebensunterhalt."

Was bleibt? Was vergeht?

13 ¹ Als Jesus den Tempel verließ, sagte einer von seinen Jüngern zu ihm: „Meister, sieh, was für Steine und was für Bauten!" ² Jesus sagte zu ihm: „Siehst du diese großen Bauten? Kein Stein wird auf dem andern bleiben, alles wird niedergerissen."

Konsequent bleiben, was auch kommt

³ Und als er auf dem Ölberg saß, dem Tempel gegenüber, fragten ihn Petrus, Jakobus, Johannes und Andreas, die mit ihm allein waren: ⁴ „Sag uns, wann wird das geschehen, und an welchem Zeichen wird man erkennen, dass das Ende von alldem bevorsteht? ⁵ Jesus sagte zu ihnen: „Gebt Acht, dass euch niemand irreführt! ⁶ Viele werden unter meinem Namen auftreten und sagen: Ich bin es! Und sie werden viele irreführen.

⁷ Wenn ihr dann von Kriegen hört und Nachrichten über Kriege euch beunruhigen, lasst euch nicht erschrecken! Das muss geschehen. Es ist aber noch nicht das Ende. ⁸ Denn ein Volk wird sich gegen das andere erheben und ein Reich gegen das andere. Und an vielen Orten wird es Erdbeben und Hungersnöte geben. Doch das ist erst der Anfang der Wehen.

⁹ Ihr aber, macht euch darauf gefasst: Man wird euch um meinetwillen vor die Gerichte bringen, in den Synagogen misshandeln und vor Statthalter und Könige stellen, damit ihr vor ihnen Zeugnis ablegt. ¹⁰ Vor dem Ende aber muss allen Völkern das Evangelium verkündet werden. ¹¹ Und wenn man euch abführt und vor Gericht stellt, dann macht euch nicht im Voraus Sorgen, was ihr sagen sollt; sondern was euch in jener Stunde eingegeben wird, das sagt! Denn nicht ihr werdet dann reden, sondern der Heilige Geist.
¹² Brüder werden einander dem Tod ausliefern und Väter ihre Kinder, und die Kinder werden sich gegen ihre Eltern auflehnen und sie in den Tod schicken. ¹³ Und ihr werdet um meines Namens willen von allen gehasst werden; wer aber bis zum Ende standhaft bleibt, der wird gerettet.

Man kann nicht immer alles aufschieben

¹⁴ Wenn ihr aber den unheilvollen Gräuel an dem Ort seht, wo er nicht stehen darf – der Leser begreife –, dann sollen die Bewohner von Judäa in die Berge fliehen; ¹⁵ wer gerade auf dem Dach ist, soll nicht hinabsteigen und ins Haus gehen, um etwas mitzunehmen; ¹⁶ wer auf dem Feld ist, soll nicht zurückkehren, um seinen Mantel zu holen. ¹⁷ Weh aber den Frauen, die in jenen Tagen schwanger sind oder ein Kind stillen. ¹⁸ Betet darum, dass dies alles nicht im Winter eintritt. ¹⁹ Denn jene Tage werden eine Not bringen, wie es noch nie eine gegeben hat, seit Gott die Welt erschuf, und wie es auch keine mehr geben wird.

Hütet euch vor falschen Versprechungen

²⁰ Und wenn der Herr diese Zeit nicht verkürzen würde, dann würde kein Mensch gerettet; aber um seiner Auserwählten willen hat er diese Zeit verkürzt. ²¹ Wenn dann jemand zu euch sagt: Seht, hier ist der Messias!, oder: Seht, dort ist er!, so glaubt es nicht! ²² Denn es wird mancher falsche Messias und mancher falsche Prophet auftreten und sie werden Zeichen und Wunder tun, um, wenn möglich, die Auserwählten irrezuführen. ²³ Ihr aber, seht euch vor! Ich habe euch alles vorausgesagt.

Sciencefiction

²⁴ Aber in jenen Tagen, nach der großen Not, wird sich die Sonne verfinstern und der Mond wird nicht mehr scheinen; ²⁵ die Sterne werden vom Himmel fallen und die Kräfte des Him-

mels werden erschüttert werden. ²⁶ Dann wird man den Menschensohn mit großer Macht und Herrlichkeit auf den Wolken kommen sehen. ²⁷ Und er wird die Engel aussenden und die von ihm Auserwählten aus allen vier Windrichtungen zusammenführen, vom Ende der Erde bis zum Ende des Himmels.

Seid wachsam!
Wer zu spät kommt, den bestraft das Leben!

²⁸ Lernt etwas aus dem Vergleich mit dem Feigenbaum! Sobald seine Zweige saftig werden und Blätter treiben, wisst ihr, dass der Sommer nahe ist. ²⁹ Genauso sollt ihr erkennen, wenn ihr all das geschehen seht, dass das Ende vor der Tür steht. ³⁰ Amen, ich sage euch: Diese Generation wird nicht vergehen, bis das alles eintrifft. ³¹ Himmel und Erde werden vergehen, aber meine Worte werden nicht vergehen. ³² Doch jenen Tag und jene Stunde kennt niemand, auch nicht die Engel im Himmel, nicht einmal der Sohn, sondern nur der Vater. ³³ Seht euch also vor und bleibt wach! Denn ihr wisst nicht, wann die Zeit da ist.

³⁴ Es ist wie mit einem Mann, der sein Haus verließ, um auf Reisen zu gehen: Er übertrug alle Verantwortung seinen Dienern, jedem eine bestimmte Aufgabe; dem Türhüter befahl er, wachsam zu sein. ³⁵ Seid also wachsam! Denn ihr wisst nicht, wann der Hausherr kommt, ob am Abend oder um Mitternacht, ob beim Hahnenschrei oder erst am Morgen. ³⁶ Er soll euch, wenn er plötzlich kommt, nicht schlafend antreffen.

³⁷ Was ich aber euch sage, das sage ich allen: Seid wachsam!

[?] Welches Wort oder welche Tat von Jesus hat mich heute besonders angesprochen?

Als er die Händler und Geldwechsler vertrieben hat

[?] Welchem Problem ist Jesus begegnet?

Das die Gelerden der Pharisäer ihm nicht geglaubt haben

[?] Wie hat Jesus reagiert?

Mit schlauen Antworten

[?] Was kann seine Tat oder sein Wort bei mir bewirken?

DAS BEWEGT MICH

DENKE NACH!

? Oft drücken wir uns vor Auseinandersetzungen. Hast du schon einmal eine solche bewusst gesucht? Und weshalb? Wie ist es dir dabei und danach ergangen?

Noch nie, weiss also nicht wie es danach ist

? Wenn du nur noch einen Tag zu leben hättest: Was würdest du machen, damit du nicht das Gefühl hättest, umsonst gelebt zu haben?

Mein ganzes Geld spenden

? Glaube kann Berge versetzen. Die Alpen sind da wohl nicht gemeint, was also sonst?

- Wo, wann und wie kommt Gott eigentlich in deinem Leben vor?

    Weinachten, Ostern und manch... and anderen unregelmäßigen Tagen

- Welche Vorstellungen hast du vom Lebensende, vom Weltende?

    Eine vom Menschen zerstörte Welt, auf der noch die letzten Menschen leben

- Hast du schon einmal eine Lebensbilanz gezogen? Welche Empfindungen hattest du dabei?

    Noch nie

Datum:

MEIN TAGEBUCHEINTRAG

Gott, ich danke dir für …

Gott, ich bitte dich …

Komm, o Gott, du Geist des Lebens,
wohne in und unter uns.

Komm, o Gott, du Geist des Lebens,
befreie uns zur Liebe,
mach unsere engen Herzen weit.

Komm, o Gott, du Geist des Lebens,
nähre unseren Hoffnungsbaum,
schenk ihm gute Früchte.

Komm, o Gott, du Geist des Lebens!
Wir warten auf dich!

GEBET

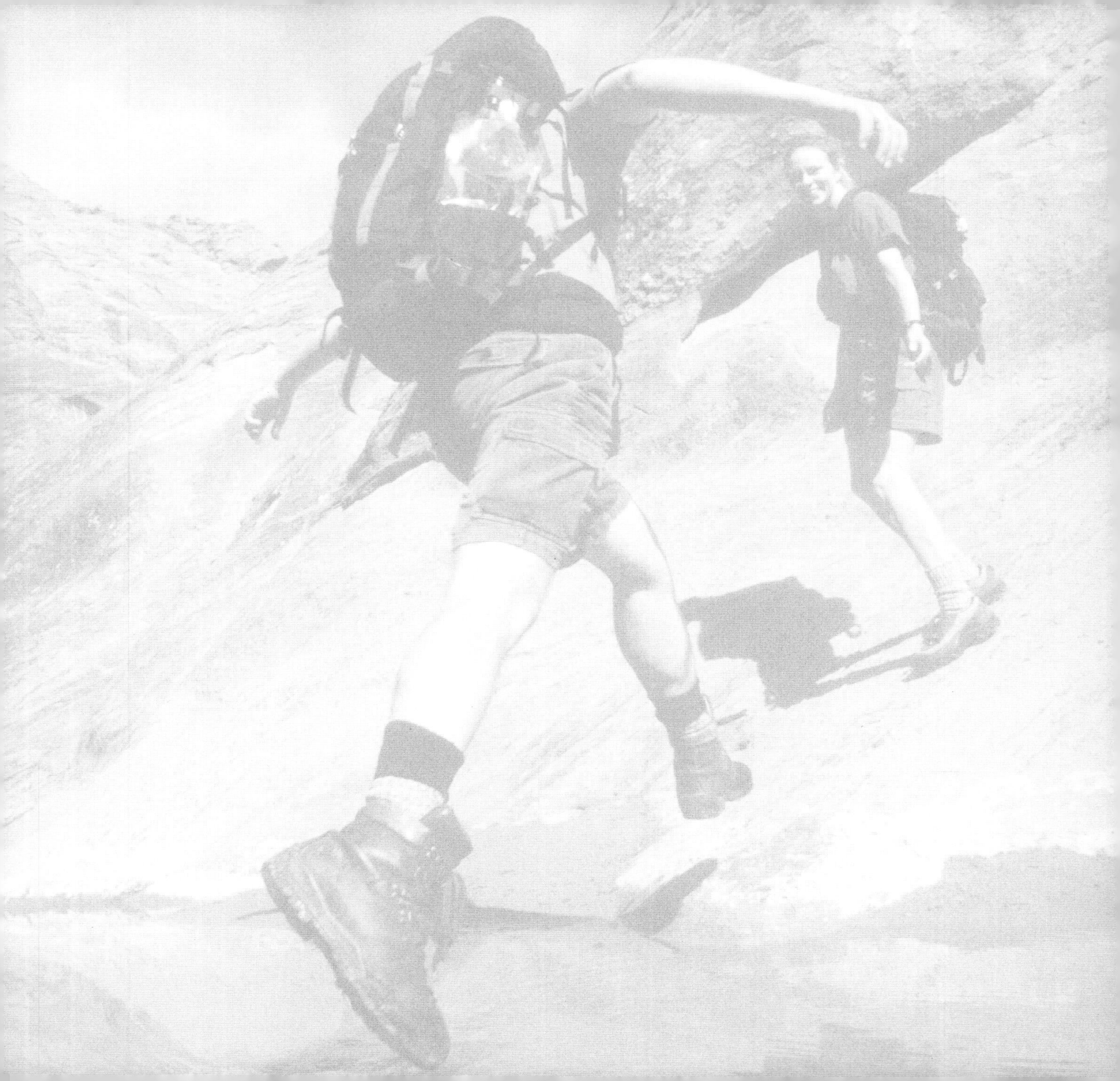

Halte durch!

7. Stunde — Vertrau deinem Herzen – bis zuletzt

Leben ausfüllen:
die Mitte zum Rand
und den Rand zur Mitte
des Lebens machen.
Gott dort zulassen,
wo er nicht auftaucht.
Den wichtig nehmen,
der mir über den
Weg läuft.
Andere begeistern,
auch wenn ich mal
ausgebrannt bin.
Sich am Leben freuen,
an dem, was in den
Schoß fällt, und an dem,
was die Kraft der
Eroberung kostet.

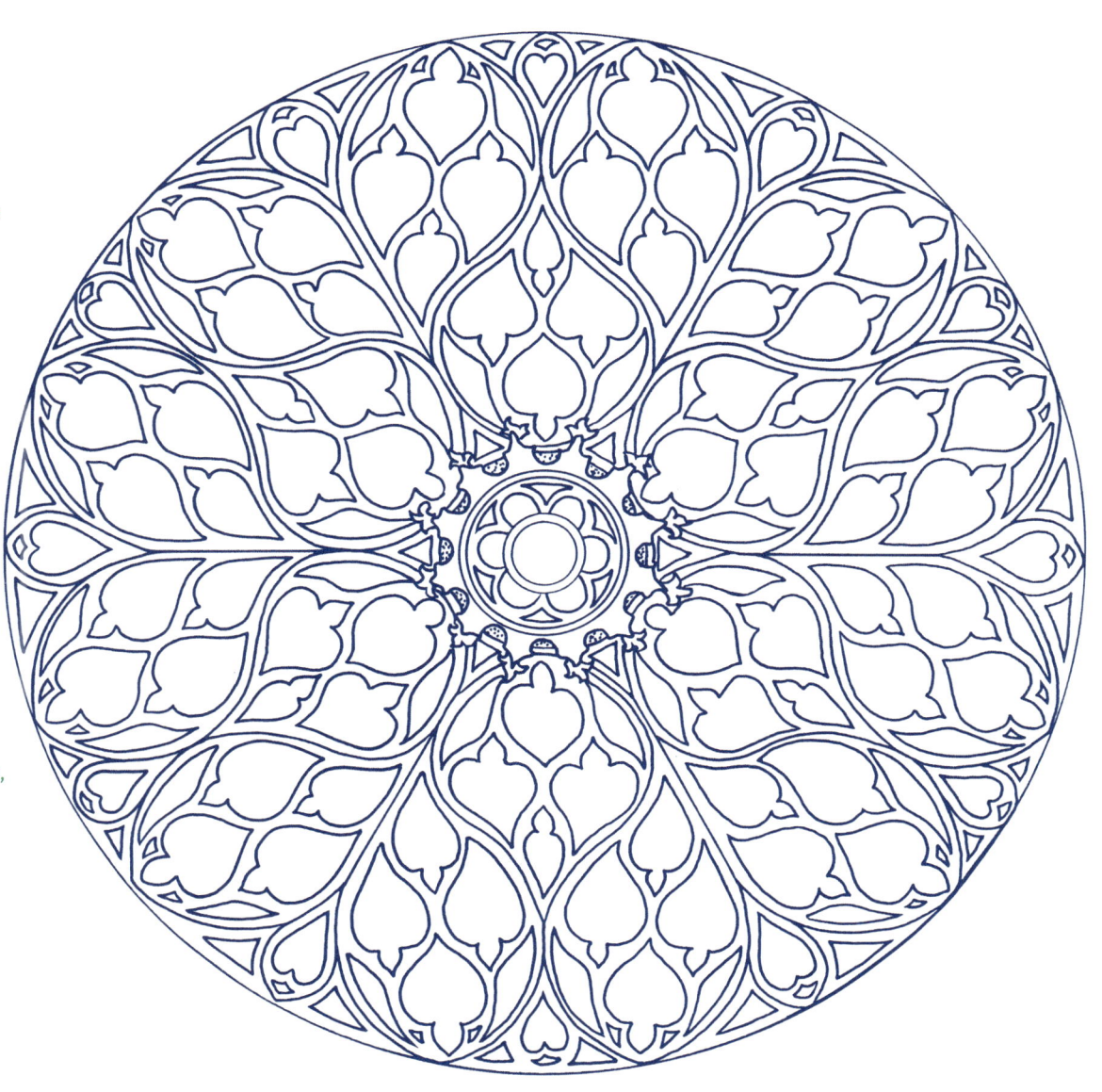

Markus 14,1 – 16,20

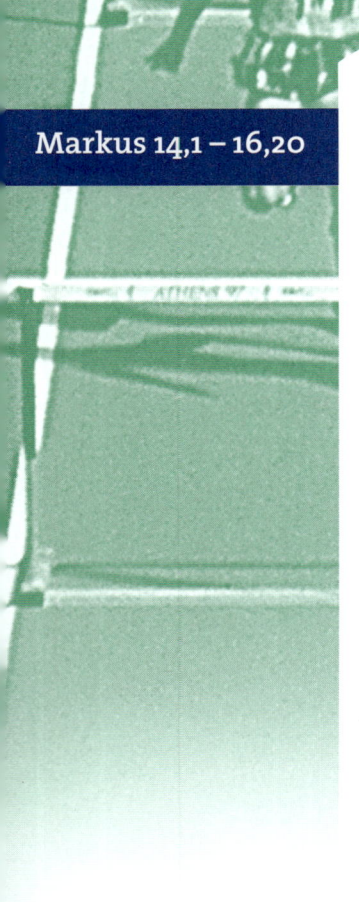

Es braut sich was zusammen

14 ¹ Es war zwei Tage vor dem Pascha und dem Fest der Ungesäuerten Brote. Die Hohenpriester und die Schriftgelehrten suchten nach einer Möglichkeit, Jesus mit List in ihre Gewalt zu bringen, um ihn zu töten. ² Sie sagten aber: „Ja nicht am Fest, damit es im Volk keinen Aufruhr gibt."

Sie folgte der Ahnung ihres Herzens

³ Als Jesus in Betanien im Haus Simons des Aussätzigen bei Tisch war, kam eine Frau mit einem Alabastergefäß voll echtem, kostbarem Nardenöl, zerbrach es und goss das Öl über sein Haar. ⁴ Einige aber wurden unwillig und sagten zueinander: „Wozu diese Verschwendung? ⁵ Man hätte das Öl um mehr als dreihundert Denare verkaufen und das Geld den Armen geben können." Und sie machten der Frau heftige Vorwürfe.
⁶ Jesus aber sagte: „Hört auf! Warum lasst ihr sie nicht in Ruhe? Sie hat ein gutes Werk an mir getan. ⁷ Denn die Armen habt ihr immer bei euch und ihr könnt ihnen Gutes tun, sooft ihr wollt; mich aber habt ihr nicht immer. ⁸ Sie hat getan, was sie konnte. Sie hat im Voraus meinen Leib für das Begräbnis gesalbt. ⁹ Amen, ich sage euch: Überall auf der Welt, wo das Evangelium verkündet wird, wird man sich an sie erinnern und erzählen, was sie getan hat."

Einer, der die Freundschaft kündigte

¹⁰ Judas Iskariot, einer der Zwölf, ging zu den Hohenpriestern. Er wollte Jesus an sie ausliefern. ¹¹ Als sie das hörten, freuten sie sich und versprachen, ihm Geld dafür zu geben. Von da an suchte er nach einer günstigen Gelegenheit, ihn auszuliefern.

Jesus wollte sie alle noch einmal um sich haben

¹² Am ersten Tag des Festes der Ungesäuerten Brote, an dem man das Paschalamm schlachtete, sagten die Jünger zu Jesus: „Wo sollen wir das Paschamahl für dich vorbereiten?" ¹³ Da schickte er zwei seiner Jünger voraus und sagte zu ihnen: „Geht in die Stadt; dort wird euch ein Mann begegnen, der einen Wasserkrug trägt. Folgt ihm, ¹⁴ bis er in ein Haus hineingeht; dann sagt zu dem Herrn des Hauses: Der Meister lässt dich fragen: Wo ist der Raum, in dem ich mit meinen Jüngern das Paschalamm essen kann? ¹⁵ Und der Hausherr wird euch einen großen Raum im Obergeschoss zeigen, der schon für das Festmahl hergerichtet und mit Polstern ausgestattet ist. Dort bereitet alles für uns vor!"
¹⁶ Die Jünger machten sich auf den Weg und kamen in die Stadt. Sie fanden alles so, wie er es ihnen gesagt hatte, und bereiteten das Paschamahl vor.

Jesu Testament: „Vergesst es nicht, ich gehöre euch!"

17 Als es Abend wurde, kam Jesus mit den Zwölf. 18 Während sie nun bei Tisch waren und aßen, sagte er: „Amen, ich sage euch: Einer von euch wird mich verraten und ausliefern, einer von denen, die zusammen mit mir essen." 19 Da wurden sie traurig und einer nach dem andern fragte ihn: „Doch nicht etwa ich?" 20 Er sagte zu ihnen: „Einer von euch Zwölf, der mit mir aus derselben Schüssel isst. 21 Der Menschensohn muss zwar seinen Weg gehen, wie die Schrift über ihn sagt. Doch weh dem Menschen, durch den der Menschensohn verraten wird. Für ihn wäre es besser, wenn er nie geboren wäre."

22 Während des Mahls nahm er das Brot und sprach den Lobpreis; dann brach er das Brot, reichte es ihnen und sagte: „Nehmt, das ist mein Leib."

23 Dann nahm er den Kelch, sprach das Dankgebet, reichte ihn den Jüngern und sie tranken alle daraus. 24 Und er sagte zu ihnen: „Das ist mein Blut, das Blut des Bundes, das für viele vergossen wird. 25 Amen, ich sage euch: Ich werde nicht mehr von der Frucht des Weinstocks trinken bis zu dem Tag, an dem ich von Neuem davon trinke im Reich Gottes."

Ein schwerer Gang

26 Nach dem Lobgesang gingen sie zum Ölberg hinaus. 27 Da sagte Jesus zu ihnen: „Ihr werdet alle an mir Anstoß nehmen und zu Fall kommen; denn in der Schrift steht: Ich werde den Hirten erschlagen, dann werden sich die Schafe zerstreuen. 28 Aber nach meiner Auferstehung werde ich euch nach Galiläa vorausgehen." 29 Da sagte Petrus zu ihm: „Auch wenn alle an dir Anstoß nehmen – ich nicht!" 30 Jesus antwortete ihm: „Amen, ich sage dir: Noch heute Nacht, ehe der Hahn zweimal kräht, wirst du mich dreimal verleugnen." 31 Petrus aber beteuerte: „Und wenn ich mit dir sterben müsste – ich werde dich nie verleugnen." Das Gleiche sagten auch alle anderen.

Wenn Freunde versagen

32 Sie kamen zu einem Grundstück, das Getsemani heißt, und er sagte zu seinen Jüngern: „Setzt euch und wartet hier, während ich bete." 33 Und er nahm Petrus, Jakobus und Johannes mit sich. Da ergriff ihn Furcht und Angst, 34 und er sagte zu ihnen: „Meine Seele ist zu Tode betrübt. Bleibt hier und wacht!" 35 Und er ging ein Stück weiter, warf sich auf die Erde nieder und betete, dass die Stunde, wenn möglich, an ihm vorübergehe.

36 Er sprach: „Abba, Vater, alles ist dir möglich. Nimm diesen Kelch von mir! Aber nicht, was ich will, sondern was du willst, soll geschehen." 37 Und er ging zurück und fand sie schlafend. Da sagte er zu Petrus: „Simon, du schläfst? Konntest du nicht einmal eine Stunde wach bleiben?

³⁸ Wacht und betet, damit ihr nicht in Versuchung geratet. Der Geist ist willig, aber das Fleisch ist schwach."
³⁹ Und er ging wieder weg und betete mit den gleichen Worten. ⁴⁰ Als er zurückkam, fand er sie wieder schlafend, denn die Augen waren ihnen zugefallen; und sie wussten nicht, was sie ihm antworten sollten. ⁴¹ Und er kam zum dritten Mal und sagte zu ihnen: „Schlaft ihr immer noch und ruht euch aus? Es ist genug. Die Stunde ist gekommen; jetzt wird der Menschensohn den Sündern ausgeliefert. ⁴² Steht auf, wir wollen gehen! Seht, der Verräter, der mich ausliefert, ist da."

Was für eine Enttäuschung – aber es ging nicht anders

⁴³ Noch während er redete, kam Judas, einer der Zwölf, mit einer Schar von Männern, die mit Schwertern und Knüppeln bewaffnet waren; sie waren von den Hohenpriestern, den Schriftgelehrten und den Ältesten geschickt worden. ⁴⁴ Der Verräter hatte mit ihnen ein Zeichen vereinbart und gesagt: „Der, den ich küssen werde, der ist es. Nehmt ihn fest, führt ihn ab und lasst ihn nicht entkommen." ⁴⁵ Und als er kam, ging er sogleich auf Jesus zu und sagte: „Rabbi!" Und er küsste ihn. ⁴⁶ Da ergriffen sie ihn und nahmen ihn fest.
⁴⁷ Einer von denen, die dabeistanden, zog das Schwert, schlug auf den Diener des Hohenpriesters ein und hieb ihm ein Ohr ab. ⁴⁸ Da sagte Jesus zu ihnen: „Wie gegen einen Räuber seid ihr mit Schwertern und Knüppeln ausgezogen, um mich festzunehmen. ⁴⁹ Tag für Tag war ich bei euch im Tempel und lehrte und ihr habt mich nicht verhaftet; aber das ist geschehen, damit die Schrift in Erfüllung geht."
⁵⁰ Da verließen ihn alle und flohen.

Einer, der es fast geschafft hätte

⁵¹ Ein junger Mann aber, der nur mit einem leinenen Tuch bekleidet war, wollte ihm nachgehen. Da packten sie ihn; ⁵² er aber ließ das Tuch fallen und lief nackt davon.

An mir seht ihr: Gott ist da – für euch

⁵³ Darauf führten sie Jesus zum Hohenpriester und es versammelten sich alle Hohenpriester und Ältesten und Schriftgelehrten. ⁵⁴ Petrus aber war Jesus von Weitem bis in den Hof des hohepriesterlichen Palastes gefolgt; nun saß er dort bei den Dienern und wärmte sich am Feuer. ⁵⁵ Die Hohenpriester und der ganze Hohe Rat bemühten sich um Zeugenaussagen gegen Jesus, um ihn zum Tod verurteilen zu können; sie fanden aber nichts. ⁵⁶ Viele machten zwar falsche Aussagen über ihn, aber die Aussagen stimmten nicht überein.

⁵⁷ Einige der falschen Zeugen, die gegen ihn auftraten, behaupteten: ⁵⁸ „Wir haben ihn sagen hören: Ich werde diesen von Menschen erbauten Tempel niederreißen und in drei Tagen einen anderen errichten, der nicht von Menschenhand gemacht ist." ⁵⁹ Aber auch in diesem Fall stimmten die Aussagen nicht überein.
⁶⁰ Da stand der Hohepriester auf, trat in die Mitte und fragte Jesus: „Willst du denn nichts sagen zu dem, was diese Leute gegen dich vorbringen?" ⁶¹ Er aber schwieg und gab keine Antwort. Da wandte sich der Hohepriester nochmals an ihn und fragte: „Bist du der Messias, der Sohn des Hochgelobten?"
⁶² Jesus sagte: „Ich bin es. Und ihr werdet den Menschensohn zur Rechten der Macht sitzen und mit den Wolken des Himmels kommen sehen." ⁶³ Da zerriss der Hohepriester sein Gewand und rief: „Wozu brauchen wir noch Zeugen? ⁶⁴ Ihr habt die Gotteslästerung gehört. Was ist eure Meinung?" Und sie fällten einstimmig das Urteil: Er ist schuldig und muss sterben.
⁶⁵ Und einige spuckten ihn an, verhüllten sein Gesicht, schlugen ihn und riefen: „Zeig, dass du ein Prophet bist!" Auch die Diener schlugen ihn ins Gesicht.

Angst, die das Herz blockiert

⁶⁶ Als Petrus unten im Hof war, kam eine von den Mägden des Hohenpriesters. ⁶⁷ Sie sah, wie Petrus sich wärmte, blickte ihn an und sagte: „Auch du warst mit diesem Jesus aus Nazaret zusammen." ⁶⁸ Doch er leugnete es und sagte: „Ich weiß nicht und verstehe nicht, wovon du redest." Dann ging er in den Vorhof hinaus. ⁶⁹ Als die Magd ihn dort bemerkte, sagte sie zu denen, die dabeistanden, noch einmal: „Der gehört zu ihnen." ⁷⁰ Er aber leugnete es wieder ab. Wenig später sagten die Leute, die dort standen, von Neuem zu Petrus: „Du gehörst wirklich zu ihnen; du bist doch auch ein Galiläer." ⁷¹ Da fing er an zu fluchen und schwor: „Ich kenne diesen Menschen nicht, von dem ihr redet." ⁷² Gleich darauf krähte der Hahn zum zweiten Mal, und Petrus erinnerte sich, dass Jesus zu ihm gesagt hatte: „Ehe der Hahn zweimal kräht, wirst du mich dreimal verleugnen." Und er begann zu weinen.

Von falschen Hoffnungen verführt

15 ¹ Gleich in der Frühe fassten die Hohenpriester, die Ältesten und die Schriftgelehrten, also der ganze Hohe Rat, über Jesus einen Beschluss: Sie ließen ihn fesseln und abführen und lieferten ihn Pilatus aus. ² Pilatus fragte ihn: „Bist du der König der Juden?" Er antwortete ihm: „Du sagst es."
³ Die Hohenpriester brachten viele Anklagen gegen ihn vor. ⁴ Da wandte sich Pilatus wieder an ihn und fragte: „Willst du denn nichts dazu sagen? Sieh doch, wie viele Anklagen sie

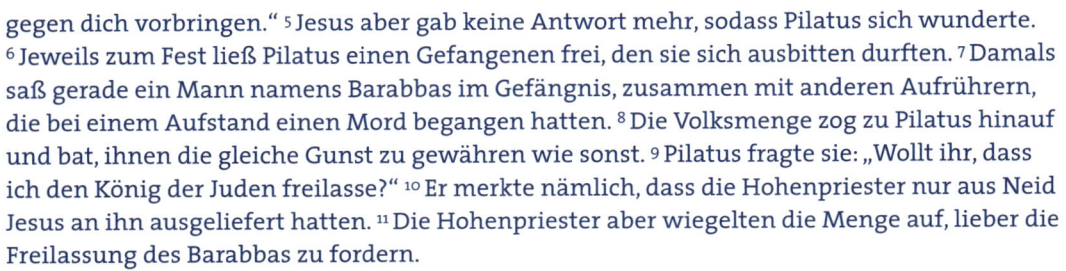

gegen dich vorbringen." ⁵ Jesus aber gab keine Antwort mehr, sodass Pilatus sich wunderte.
⁶ Jeweils zum Fest ließ Pilatus einen Gefangenen frei, den sie sich ausbitten durften. ⁷ Damals saß gerade ein Mann namens Barabbas im Gefängnis, zusammen mit anderen Aufrührern, die bei einem Aufstand einen Mord begangen hatten. ⁸ Die Volksmenge zog zu Pilatus hinauf und bat, ihnen die gleiche Gunst zu gewähren wie sonst. ⁹ Pilatus fragte sie: „Wollt ihr, dass ich den König der Juden freilasse?" ¹⁰ Er merkte nämlich, dass die Hohenpriester nur aus Neid Jesus an ihn ausgeliefert hatten. ¹¹ Die Hohenpriester aber wiegelten die Menge auf, lieber die Freilassung des Barabbas zu fordern.
¹² Pilatus wandte sich von Neuem an sie und fragte: „Was soll ich dann mit dem tun, den ihr den König der Juden nennt?" ¹³ Da schrien sie: „Kreuzige ihn!" ¹⁴ Pilatus entgegnete: „Was hat er denn für ein Verbrechen begangen?" Sie schrien noch lauter: „Kreuzige ihn!" ¹⁵ Darauf ließ Pilatus, um die Menge zufrieden zu stellen, Barabbas frei und gab den Befehl, Jesus zu geißeln und zu kreuzigen.

Herzlos

¹⁶ Die Soldaten führten ihn in den Palast hinein, das heißt in das Prätorium, und riefen die ganze Kohorte zusammen. ¹⁷ Dann legten sie ihm einen Purpurmantel um und flochten einen Dornenkranz; den setzten sie ihm auf ¹⁸ und grüßten ihn: „Heil dir, König der Juden!" ¹⁹ Sie schlugen ihm mit einem Stock auf den Kopf und spuckten ihn an, knieten vor ihm nieder und huldigten ihm. ²⁰ᵃ Nachdem sie so ihren Spott mit ihm getrieben hatten, nahmen sie ihm den Purpurmantel ab und zogen ihm seine eigenen Kleider wieder an.

Von allen verlassen – ohne Perspektive

²⁰ᵇ Dann führten sie Jesus hinaus, um ihn zu kreuzigen. ²¹ Einen Mann, der gerade vom Feld kam, Simon von Zyrene, den Vater des Alexander und des Rufus, zwangen sie, sein Kreuz zu tragen. ²² Und sie brachten Jesus an einen Ort namens Golgota, das heißt übersetzt: Schädelhöhe. ²³ Dort reichten sie ihm Wein, der mit Myrrhe gewürzt war; er aber nahm ihn nicht. ²⁴ Dann kreuzigten sie ihn. Sie warfen das Los und verteilten seine Kleider unter sich und gaben jedem, was ihm zufiel.
²⁵ Es war die dritte Stunde, als sie ihn kreuzigten. ²⁶ Und eine Aufschrift auf einer Tafel gab seine Schuld an: Der König der Juden. ²⁷ Zusammen mit ihm kreuzigten sie zwei Räuber, den einen rechts von ihm, den andern links. ²⁸/²⁹ Die Leute, die vorbeikamen, verhöhnten ihn, schüttelten den Kopf und riefen: „Ach, du willst den Tempel niederreißen und in drei Tagen

wieder aufbauen? ³⁰ Hilf dir doch selbst und steig herab vom Kreuz!"
³¹ Auch die Hohenpriester und die Schriftgelehrten verhöhnten ihn und sagten zueinander: „Anderen hat er geholfen, sich selbst kann er nicht helfen. ³² Der Messias, der König von Israel! Er soll doch jetzt vom Kreuz herabsteigen, damit wir sehen und glauben." Auch die beiden Männer, die mit ihm zusammen gekreuzigt wurden, beschimpften ihn.

Von Gott verlassen? Allem Anschein nach

³³ Als die sechste Stunde kam, brach über das ganze Land eine Finsternis herein. Sie dauerte bis zur neunten Stunde. ³⁴ Und in der neunten Stunde rief Jesus mit lauter Stimme: „Eloï, Eloï, lema sabachtani?", das heißt übersetzt: „Mein Gott, mein Gott, warum hast du mich verlassen?" ³⁵ Einige von denen, die dabeistanden und es hörten, sagten: „Hört, er ruft nach Elija!" ³⁶ Einer lief hin, tauchte einen Schwamm in Essig, steckte ihn auf einen Stock und gab Jesus zu trinken. Dabei sagte er: „Lasst uns doch sehen, ob Elija kommt und ihn herabnimmt."
³⁷ Jesus aber schrie laut auf. Dann hauchte er den Geist aus. ³⁸ Da riss der Vorhang im Tempel von oben bis unten entzwei. ³⁹ Als der Hauptmann, der Jesus gegenüberstand, ihn auf diese Weise sterben sah, sagte er: „Wahrhaftig, dieser Mensch war Gottes Sohn."

Die ihrem Herzen folgten

⁴⁰ Auch einige Frauen sahen von Weitem zu, darunter Maria aus Magdala, Maria, die Mutter von Jakobus dem Kleinen und Joses, sowie Salome; ⁴¹ sie waren Jesus schon in Galiläa nachgefolgt und hatten ihm gedient. Noch viele andere Frauen waren dabei, die mit ihm nach Jerusalem hinaufgezogen waren.

Sie ließen Jesus nicht aus den Augen

⁴² Da es Rüsttag war, der Tag vor dem Sabbat, und es schon Abend wurde, ⁴³ ging Josef von Arimathäa, ein vornehmer Ratsherr, der auch auf das Reich Gottes wartete, zu Pilatus und wagte es, um den Leichnam Jesu zu bitten. ⁴⁴ Pilatus war überrascht, als er hörte, dass Jesus schon tot sei. Er ließ den Hauptmann kommen und fragte ihn, ob Jesus bereits gestorben sei. ⁴⁵ Als der Hauptmann ihm das bestätigte, überließ er Josef den Leichnam.
⁴⁶ Josef kaufte ein Leinentuch, nahm Jesus vom Kreuz, wickelte ihn in das Tuch und legte ihn in ein Grab, das in einen Felsen gehauen war. Dann wälzte er einen Stein vor den Eingang des Grabes. ⁴⁷ Maria aus Magdala aber und Maria, die Mutter des Joses, beobachteten, wohin der Leichnam gelegt wurde.

Sie waren die Ersten, weil sie ihre Liebe bewahrten

16 ¹ Als der Sabbat vorüber war, kauften Maria aus Magdala, Maria, die Mutter des Jakobus, und Salome wohlriechende Öle, um damit zum Grab zu gehen und Jesus zu salben. ² Am ersten Tag der Woche kamen sie in aller Frühe zum Grab, als eben die Sonne aufging. ³ Sie sagten zueinander: „Wer könnte uns den Stein vom Eingang des Grabes wegwälzen?" ⁴ Doch als sie hinblickten, sahen sie, dass der Stein schon weggewälzt war; er war sehr groß. ⁵ Sie gingen in das Grab hinein und sahen auf der rechten Seite einen jungen Mann sitzen, der mit einem weißen Gewand bekleidet war; da erschraken sie sehr. ⁶ Er aber sagte zu ihnen: „Erschreckt nicht! Ihr sucht Jesus von Nazaret, den Gekreuzigten. Er ist auferstanden; er ist nicht hier. Seht, da ist die Stelle, wo man ihn hingelegt hatte. ⁷ Nun aber geht und sagt seinen Jüngern, vor allem Petrus: Er geht euch voraus nach Galiläa; dort werdet ihr ihn sehen, wie er es euch gesagt hat."
⁸ Da verließen sie das Grab und flohen; denn Schrecken und Entsetzen hatte sie gepackt. Und sie sagten niemand etwas davon; denn sie fürchteten sich.

Die Botschaft, die wir den Menschen schulden

⁹ Als Jesus am frühen Morgen des ersten Wochentages auferstanden war, erschien er zuerst Maria aus Magdala, aus der er sieben Dämonen ausgetrieben hatte. ¹⁰ Sie ging und berichtete es denen, die mit ihm zusammen gewesen waren und die nun klagten und weinten. ¹¹ Als sie hörten, er lebe und sei von ihr gesehen worden, glaubten sie es nicht.
¹² Darauf erschien er in einer anderen Gestalt zweien von ihnen, als sie unterwegs waren und aufs Land gehen wollten. ¹³ Auch sie gingen und berichteten es den anderen und auch ihnen glaubte man nicht.
¹⁴ Später erschien Jesus auch den Elf, als sie bei Tisch waren; er tadelte ihren Unglauben und ihre Verstocktheit, weil sie denen nicht glaubten, die ihn nach seiner Auferstehung gesehen hatten. ¹⁵ Dann sagte er zu ihnen: „Geht hinaus in die ganze Welt und verkündet das Evangelium allen Geschöpfen! ¹⁶ Wer glaubt und sich taufen lässt, wird gerettet; wer aber nicht glaubt, wird verdammt werden. ¹⁷ Und durch die, die zum Glauben gekommen sind, werden folgende Zeichen geschehen: In meinem Namen werden sie Dämonen austreiben; sie werden in neuen Sprachen reden; ¹⁸ wenn sie Schlangen anfassen oder tödliches Gift trinken, wird es ihnen nicht schaden; und die Kranken, denen sie die Hände auflegen, werden gesund werden."
¹⁹ Nachdem Jesus, der Herr, dies zu ihnen gesagt hatte, wurde er in den Himmel aufgenommen und setzte sich zur Rechten Gottes. ²⁰ Sie aber zogen aus und predigten überall. Der Herr stand ihnen bei und bekräftigte die Verkündigung durch die Zeichen, die er geschehen ließ.

? Welches Wort oder welche Tat von Jesus hat mich heute besonders angesprochen?

? Welchem Problem ist Jesus begegnet?

? Wie hat Jesus reagiert?

? Was kann seine Tat oder sein Wort bei mir bewirken?

DAS BEWEGT MICH

DENKE NACH!

- Auf wen kannst du zählen, wenn du echte Probleme hast? Hat dich einer deiner Freunde/Freundinnen schon mal enttäuscht?

- Sich verschenken – das geht auf Dauer nicht, ohne beschenkt zu werden. Wie war das eigentlich bei Jesus? Und wie ist das bei dir?

- Im Tod zerreißen alle Lebensfäden. Wirklich alle?

? Tod und Auferstehung gehören ins Zentrum des christlichen Glaubens. Was sind deine Vorstellungen von der Auferstehung?

Datum:

MEIN TAGEBUCHEINTRAG

Gott, ich danke dir für …

Gott, ich bitte dich …

Herr und Gott,
jeden Morgen weckst du uns vom Schlaf wieder auf
und schenkst uns einen neuen Tag.
Hilf uns,
dass wir uns gegenseitig immer wieder aufwecken
zu einem Leben mit dir.
Hilf uns,
einander aus unseren Gräbern herauszurufen,
dass wir mutig und begeistert dir nachfolgen.
Sprich immer wieder zu uns!
Erinnere uns, dass du der Gott des Lebens bist,
und hilf uns, das Leben zu achten.
Erinnere uns, dass du geduldig mit uns bist,
und hilf uns, dir im Alltag treu zu sein.
Amen.

GEBET

8. Stunde

Das Sakrament der Firmung

Vorbemerkung: Einzelne Elemente dieser Stunde können bereits in vorangehenden Stunden besprochen werden.

1. Sich firmen lassen

Sich firmen zu lassen, das heißt: Ich sage Ja dazu, dass der Geist Jesu Christi in dieser Welt wirkt und ich ihm in meinem Leben Raum geben möchte. Der Bischof oder einer seiner Vertreter spricht mir diesen Geist zu und macht diesen Vorgang im Gottesdienst vor meinen Eltern und Verwandten und vor der Gemeinde sichtbar.
Der Heilige Geist stärkt mich und gibt mir neue Möglichkeiten, mein Leben zu gestalten und mutige Entscheidungen zu treffen. Das ist Grund genug, ein Fest zu feiern.

2. Firmung in der Eucharistiefeier

Das Sakrament der Firmung wird in der Eucharistiefeier gespendet. Mit der Eucharistie feiern Christen das Leben, den Tod und die Auferstehung Jesu Christi. Durch die Firmung erhält jeder einzelne Christ in besonderer Weise eine Verbindung zum Leben, zum Tod und zur Auferstehung Jesu Christi. Diese Christusgemeinschaft kann in jeder Eucharistiefeier immer wieder neu erfahren werden.
Im Firmgottesdienst bestätigen die Firmanden ihre Bereitschaft zur dieser Christusgemeinschaft durch das Bekenntnis des Glaubens.

a) Die Feier der Eucharistie

Wortgottesdienst
Eröffnungslied, Begrüßung, Einführung, Kyrie, Schuldbekenntnis, Gloria, Tagesgebet, Lesung, Zwischengesang, Evangelium, Predigt, Glaubensbekenntnis, Fürbitten
Mahlfeier
Gabenbereitung, Händewaschung, Gabengebet, Hochgebet, Vater unser, Friedensgebet, Lamm Gottes, Kommunion, Schlusslied, Vermeldungen, Schlussgebet, Segen

b) Die Feier der Firmung

Die Firmung steht im Zusammenhang von zwei Sakramenten, die die Firmanden bereits empfangen haben: Taufe und Eucharistie.
In der Taufe wiedergeboren,
werden die Firmanden durch die Firmung gefestigt
und in der Eucharistie mit dem Brot des Lebens gestärkt.

Das wird im Aufbau der Firmfeier deutlich:
- Wortgottesdienst,
- Erneuerung des Taufversprechens,
- Firmspendung,
- Eucharistiefeier.

Nach der Predigt erneuern die Firmanden ihr Taufversprechen und anschließend empfangen sie das Sakrament der Firmung.

3. Der Empfang des Firmsakraments

a) Das Taufbekenntnis

Unmittelbar vor der Spendung des Sakraments der Firmung steht das Taufbekenntnis. Damals bei der Taufe sprachen die Eltern dieses Glaubensbekenntnis für ihr Kind. Jetzt ist dein Ja und dein Nein gefragt, und das kann dir niemand abnehmen.
Du sagst Nein zu allem Bösen, zu allem Unrecht (das ist mit „Widersagt ihr dem Satan" gemeint).
Du sagst Ja zum Glaubensbekenntnis der Kirche.
Ja, ich glaube daran, dass mein Leben und das aller Menschen in Gottes Hand geborgen ist.
Ja, ich vertraue darauf, dass Jesus mit mir geht, mich versteht, weil er selbst Mensch war.
Ja, ich glaube daran, dass der Heilige Geist mich bewegt und mir Kraft gibt, meinen Glauben im Alltag zu leben.

Bischof: Widersagt ihr dem Satan und all seiner Verführung?
Firmanden: Ich widersage.

Bischof:	Glaubt ihr an Gott, den Vater, den Allmächtigen, den Schöpfer des Himmels und der Erde?
Firmanden:	Ich glaube.
Bischof:	Glaubt ihr an Jesus Christus, seinen eingeborenen Sohn, unseren Herrn, der geboren ist von der Jungfrau Maria, der gelitten hat und begraben wurde, von den Toten auferstanden ist und zur Rechten des Vaters sitzt?
Firmanden:	Ich glaube.
Bischof:	Glaubt ihr an den Heiligen Geist, die heilige katholische Kirche, die Gemeinschaft der Heiligen, die Vergebung der Sünden, die Auferstehung der Toten und das ewige Leben?
Firmanden:	Ich glaube.

b) Gebet des Bischofs

Der Bischof breitet die Hände aus und bittet um den Heiligen Geist, für den sich die Firmanden neu öffnen wollen. Du darfst darauf vertrauen, dass Gott dir die Gaben des Heiligen Geistes schenken möchte. (siehe auch die Bittgebete Seite 107).

Bischof:	Allmächtiger Gott, Vater unseres Herrn Jesus Christus, du hast diese Christen in der Taufe von der Schuld Adams befreit, du hast ihnen aus dem Wasser und dem Heiligen Geist neues Leben geschenkt. Wir bitten dich, Herr, sende ihnen den Heiligen Geist, den Beistand. Gib ihnen den Geist der Weisheit und der Einsicht, des Rates, der Erkenntnis und der Stärke, den Geist der Frömmigkeit und der Gottesfurcht. Durch Christus, unseren Herrn.
Alle:	Amen.

c) Handauflegung des Bischofs und der Firmpatin/des Firmpaten

Vor dir steht der Bischof. Er legt seine Hand auf deinen Kopf. Die Hand des Bischofs soll dir Zeichen sein für die Hand Gottes. Du gehörst zu Gott. Er ist dir nahe und gibt dir Schutz.
Du bist als Jünger Jesu Christi angenommen.

Hinter dir steht deine Firmpatin/dein Firmpate. Die Patin/der Pate legt dir seine Hand auf die Schulter. Er ist der Vertreter der Gemeinde, in der du lebst. Du gehörst zur Gemeinschaft des Volkes Gottes. Du bist durch die Firmung als volles Mitglied dieser Gemeinschaft angenommen.

d) Salbung mit Chrisam
Der Bischof zeichnet mit Chrisamöl (Mischung aus Olivenöl und Balsam) ein Kreuz auf deine Stirn. Dabei nennt er laut deinen Namen.
Bischof: (Dein Name), sei besiegelt durch die Gabe Gottes, den Heiligen Geist.
Firmanden: Amen.
Bischof: Der Friede sei mit dir.

4. Anmeldeformular zur Firmung

Die Anmeldeformulare werden in der Gruppe miteinander ausgefüllt. Die Lücken können zu Hause mit Hilfe des Familienstammbuches ergänzt werden. Diese Anmeldeformulare werden zum Firmgottesdienst mitgebracht.

Meine Firmung

Ich wurde gefirmt am   in

von

Meine Firmpatin, mein Firmpate

Ich war in der Gruppe von

Dieser Vers aus dem Markusevangelium ist mir wichtig:

So feiere ich nach dem Firmgottesdienst mit meinen Gästen

Meine Gäste
Ihre Unterschriften und ihre Wünsche für mich

Unterschrift
meines/r Firmpaten/in

Mein Firmspender

Datum:

Mein Tagebucheintrag

Bittgebet um die Gaben des Heiligen Geistes

Weisheit
Komm, Heiliger Geist, du Geist der Weisheit!
Hilf, mir, dass ich mein Leben auf festen Grund baue.
Lass mich gut überlegen bei meinen Entscheidungen.
Schenke mir Offenheit für alle Menschen in dieser Welt.

Einsicht
Komm, Heiliger Geist, du Geist der Einsicht!
Hilf mir einzusehen, was gut und richtig ist.
Erleuchte meinen Verstand und hilf mir,
sachlich und fair meine Meinung zu vertreten.

Rat
Komm, Heiliger Geist, du Geist des Rates!
Lass mich guten Rat annehmen.
Lass mich guten Rat geben, wenn ich gefragt werde.

Erkenntnis
Komm, Heiliger Geist, du Geist der Erkenntnis!
Du hast die Schöpfung nach einem weisen Plan erdacht.
Ich möchte die Geheimnisse dieser Welt immer mehr
kennen lernen. Hilf mir, unsere Welt gut mitzugestalten.

Stärke
Komm, Heiliger Geist, du Geist der Stärke!
Hilf mir, Trägheit und Feigheit zu überwinden.
Mach mich mutig, wenn ich zu meinem Glauben
und zu meiner Überzeugung stehen will.

Frömmigkeit
Komm, Heiliger Geist, du Geist der Frömmigkeit!
Erinnere mich immer wieder, dass ich zu Gott gehöre,
dass er mich liebt. Hilf mir, zu beten
und nach Gottes Wort zu leben.

Gottesfurcht
Komm, Heiliger Geist, du Geist der Gottesfurcht!
Lass mich begreifen, dass die Ehrfurcht vor dir
alle meine Ängste überwinden hilft.
Hilf mir, dass in meinem Leben Gott über allem steht.

Anhang

I. Methoden für die Bibelarbeit in der Gruppe

1. Vorlesen – Zuhören – Malen
Einer aus der Gruppe liest den Bibeltext vor. Die anderen malen ein Mandala aus oder malen für sich ein Fantasiebild. Nach einem Kapitel wird mit dem Vorlesen abgewechselt.

2. Anstreichmethode
Einzelne Wörter, Satzteile oder auch ganze Sätze können markiert werden mit unterschiedlich großen Zeichen:
- ! = das gefällt mir
- !! = das ist sehr wichtig
- ? = das verstehe ich nicht
- X = das gefällt mir überhaupt nicht

3. Wanderung mit einzelnen Etappen / Ortswechsel für die Gruppenstunde
Die Gruppe macht sich auf den Weg an einen besonderen Ort (eine Anhöhe, eine Kapelle, eine Waldlichtung). Unterwegs wird immer wieder Rast gemacht und ein Bibelabschnitt gelesen.
Eindrückliche Erfahrungen machen die Jugendlichen, wenn die Gruppenstunden an verschiedenen Orten stattfinden: zu Hause, in der Kirche, in einem Park, auf einem Berg.

4. Erinnerungs-Methode
Den Text abwechslungsweise vorlesen. Dann schreibt jeder aus der Erinnerung einen Satz oder eine Situation auf, die ihn besonders berührt. Anschließend wird das Aufgeschriebene in der Gruppe miteinander im Gespräch ausgetauscht.

5. Sich in die Rolle einer biblischen Person hineinfühlen und hineindenken
Den Text zunächst gemeinsam lesen. Dann fühlt und denkt sich jeder in die Rolle einer biblischen Person hinein. Anschließend stellt sich jeder den anderen in der Rolle der biblischen Person vor und erklärt, was ihr oder ihm deutlich geworden ist.

6. Bibel-Teilen-Methode

6.1 Wir laden den Herrn zu uns ein.
Einer aus der Gruppe oder der/die GruppenleiterIn spricht ein einfaches freies Gebet.

6.2 Wir lesen den Text.

6.3 Wir verweilen beim Text.
Wir suchen in der Stille Worte oder kurze Sätze aus dem vorgelesenen Text heraus und lesen sie – vielleicht auch mehrmals – laut und besinnlich nacheinander vor. Nach einer kurzen Pause spricht der Nächste. Wir sagen diese Worte oder kurzen Sätze, ohne sie zu kommentieren oder zu erklären.

6.4 Wir lassen Gott in der Stille zu uns sprechen.
Wenn alle an der Reihe waren, halten wir gemeinsam Stille, etwa 3 bis 5 Minuten, damit Gott zu uns sprechen kann.

6.5 Wir teilen einander mit, was uns besonders berührt hat.

6.6 Wir besprechen, was Gott von uns will.
Wir fragen nach der Beziehung zwischen dem Wort Gottes und unserem Leben:
- *Welche Aufgabe steht jetzt vor uns?*
- *Was ist für unser Leben wichtig geworden?*
- *Was ist mir für mein persönliches Leben wichtig geworden?*
- *Wir vereinbaren konkrete Schritte.*

6.7 Wir beten miteinander.
In einfachen Gebeten können alle ihr Lob, ihren Dank, ihre Bitten, ihre Fragen aussprechen. Wir schließen mit einem gemeinsamen Gebet oder Lied.

II. Projekt: Interview zur Bibel

Alle Firmanden führen im Laufe der Firmvorbereitungszeit ein persönliches Gespräch mit einem Mitglied der örtlichen Kirchengemeinde. Der/die FirmbegleiterIn kann bei der Auswahl der Person behilflich sein.

1. Befragte Person

   Name: Alter:

   Beruf:

   Kontakt zur Gemeinde durch:

2. Besitzen Sie eine eigene Bibel?   Seit wann?

   Wie kamen Sie in ihren Besitz?

3. Ist ihnen die Bibel wichtig?   Wenn ja, warum?

4. Lesen Sie oft in der Bibel?

   Wie oft lesen Sie in der Bibel?

   Wann lesen Sie?

In welchem Buch der Bibel lesen Sie am liebsten?

Warum lesen Sie Texte aus der Bibel?

5. Hören Sie Texte aus der Bibel?

    Wie oft?

    Wann?

6. Vom Hören oder Lesen in der Bibel sind Sie besonders von folgender Stelle beeindruckt:

7. Wie hat diese Stelle Ihr Denken oder Handeln beeinflusst?

8. Welches ist Ihre Lieblingsperson in der Bibel?

9. Was für einen Rat möchten Sie mir für mein Leben geben?

III. Projekt: Hilfe in der Not

Zu Markus 10,46-52: Die Heilung eines Blinden bei Jericho, S. 65-66.
Hinweis: Dieses Projekt kann nach der 5. Gruppenstunde durchgeführt werden.

Bartimäus, der blinde Mann, sitzt am Straßenrand in der Gosse.
Das ist der Ort für den Abfall, für das, was die Menschen loswerden wollen.
Jesus bemerkt den Mann und ruft ihn zu sich.

Fragen
- Wer sind die Menschen, die wir in unserer heutigen Welt ausstoßen, loswerden und am liebsten vergessen wollen?
- Kenne ich persönlich in unserem Ort Menschen in Not?
- Was unternehme ich, wenn ich Menschen in Not begegne?
- Wem könnte ich persönlich beistehen?

Aufgabe
Jesus will auch unsere Blindheit heilen. Er öffnet unsere Augen. Besitz und Wohlstand können uns blind machen für andere Menschen. Menschen aber sind gerade die Orte, an denen Jesus uns begegnen will. Versuche in der kommenden Woche auf etwas zu verzichten und verwende das gesparte Geld oder die gesparte Zeit, um Menschen in der Not zu helfen. Entscheide dich dabei für eine ganz konkrete Person oder eine Gruppe!

Dafür habe ich mich eingesetzt:

Meine Tätigkeit:

Meine Beobachtung:

Datum, Ort, Unterschrift des Verantwortlichen:

IV. Einzelseelsorge: „Outen oder beichten"

In Talkshows klagen Menschen andere an und erzählen von ihrer eigenen Schuld. Oft haben diese Menschen **hinterher große Probleme,** weil viele diesen Auftritt, dieses „Outing", gesehen haben.

Über **Verletzungen und Schuld** zu sprechen, ist wichtig. Das hilft uns, klarer zu sehen und neu zu beginnen. Die Kirche bietet dir im Seelsorge- oder Beichtgespräch ein **vertrauliches Gespräch** an.
Da gibt es kein Publikum und der Seelsorger/die Seelsorgerin oder der Pfarrer müssen über das ganze Gespräch **schweigen.** Solch ein Gespräch zerstört nicht deinen Ruf. Hier wirst du ernst genommen und bekommst eine Chance, neu anzufangen. Seelische Belastungen können dich krank machen. **Echte Schuld** muss deshalb aufgearbeitet und vergeben werden, damit du dich **wieder frei** fühlst und dich **positiven** Zielen zuwenden kannst.

Tu dir also selbst **etwas Gutes** und wirf einen Blick darauf, was dir auf dem Herzen liegt.

Nach einer Beichte bist du durch die **Lossprechung** des Priesters frei geworden von jeder Schuld. Ein **neuer Anfang** ist möglich. Gott gibt dir die Zusage, dass du wieder neu anfangen kannst und innerlich „heil" wirst.

Nun geht es los:
Das Schlimmste auf der Welt ist die Gedankenlosigkeit. Damit richten wir oft großen Schaden an. Du aber bist heute gekommen, weil du dir Gedanken über dein Leben machen willst. So bereitest du dich auf das Seelsorge- oder Beichtgespräch vor:

Stell dir folgende Fragen und versuche sie zu beantworten:

1. Beziehung zu Gott
- Bin ich mit meinem religiösen Leben zufrieden?
- Spielt Gott eine Rolle in meinem Alltag?
- Beginne ich den Tag mit Gott oder höre ich ihn mit ihm auf?
- Rede ich mit Gott im Gebet?

- Gebe ich Gott einen Raum in meinen Gedanken?
- Lese ich in der Bibel und lasse Gott zu mir sprechen?
- Gehe ich in den Gottesdienst, um Gott nahe zu sein und mich von ihm stärken zu lassen?

2. Beziehung zu den Mitmenschen
- Wie ist mein Verhalten zu meinen Eltern, Geschwistern, Freundinnen und Freunden, Mitschülerinnen und Mitschülern?
- Versuche ich sie zu verstehen?
- Verletze ich andere?
- Mache ich andere lächerlich?
- Spüre ich, was sie brauchen, was ihnen guttut, woran sie leiden?
- Kann ich mich einfühlen und mitfühlen?
- Habe ich Vorurteile?
- Wie spreche ich über andere?
- Bin ich bereit, anderen zu vergeben?

3. Wie stehe ich zu mir selbst?
- Bin ich mit meinem Lebensstil zufrieden?
- Bin ich zufrieden mit der Einteilung meines Tages:
  - mit dem Aufstehen morgens?
  - mit der Einteilung meiner Aufgaben?
  - mit der Art, wie ich den Tag beende?

- Habe ich einen gesunden Lebensstil?
- Plane ich meinen Tag oder lasse ich mich treiben?
- Wie gehe ich mit dem Essen und Trinken um?
- Wie viel Zeit verbringe ich am Telefon, mit Fernsehen, im Internet, am Computer?
- Bin ich maßlos?
- Muss ich alles haben oder kann ich auch verzichten?
- Wie gehe ich mit meinen Launen und Stimmungen um?
- Habe ich Ziele, Wünsche und Bedürfnisse für mein eigenes Leben?

Wo bist du in diesen drei Bereichen schuldig geworden und möchtest einen Neuanfang machen? Nimm diese Anliegen mit in dein Seelsorge- oder Beichtgespräch.

Seelsorgespräch oder Beichte?
Bei einem Priester kannst du ein Gespräch führen und das Sakrament der Versöhnung empfangen, d. h. von Gott von aller Schuld freigesprochen werden. Die **SeelsorgerIn** kann mit dir über dein Leben sprechen, mit dir beten und dich segnen.

Nach der Beichte oder dem Seelsorgegespräch
Du kannst in der Kirche nachdenken. Du kannst beten:

Guter Gott,
Hilf mir, meinen Weg zu finden.
Ich danke dir,
dass ich dir immer vertrauen darf.

Guter Gott,
ich danke dir.
Du hast mir vergeben.
Nun darf ich neu beginnen.
Du rechnest mir die Schuld nicht an
und verurteilst mich nicht.

Guter Gott,
heile meine inneren Verletzungen
und Enttäuschungen.
Gib mir neue Kraft, anders zu leben,
und begleite mich dabei.
Amen.

Lieder

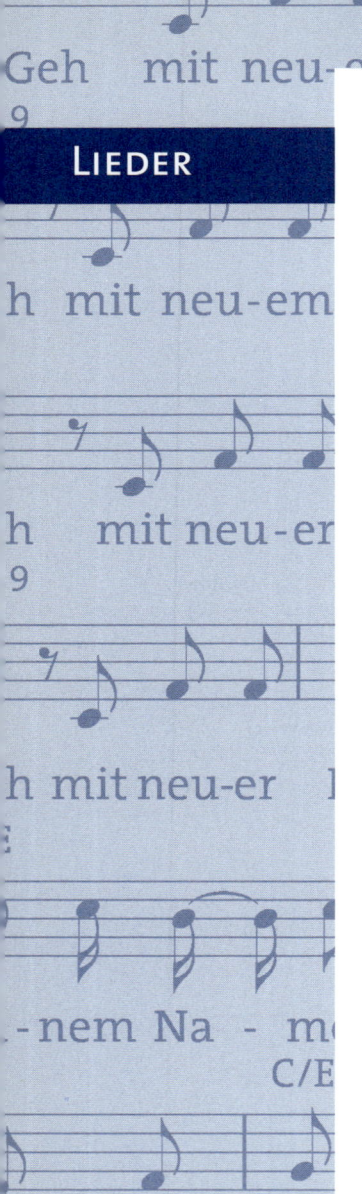

- **Sei mutig und stark** — 117
- **O Herr, komm zu uns** — 118
- **Herr, dein Heil'ger Geist komm über uns** — 119
- **Es ist der Herr, der vor dir hergeht** — 120
- **Danke, Herr, für mein Leben!** — 121
- **Herr, erbarme dich** — 122
- **Gottes Wort ist wie Licht in der Nacht** — 123
- **Geh mit neuer Hoffnung** — 124

Sei mutig und stark

Text und Melodie: Peter Strauch; © 1997 R. Kawohl-Verlag, Wesel

Ich lasse dich nicht fallen und verlasse dich nicht. Sei mutig, sei mutig und stark. Bläst dir der Wind entgegen und schlägt er dir ins Gesicht. Sei mutig, sei mutig und stark.

1. Der Gott, der dich geschaffen hat und dir das Leben gab, der kennt dich gut und gibt dir Mut an jedem neuen Tag. Er fängt dich auf, wenn du versagst. Du fällst in seine Hand. Sei mutig, sei mutig und stark. (Ich)

Coda: Durch Licht und Schatten führt er dich bis an sein großes Ziel. Sei mutig, sei mutig und stark.

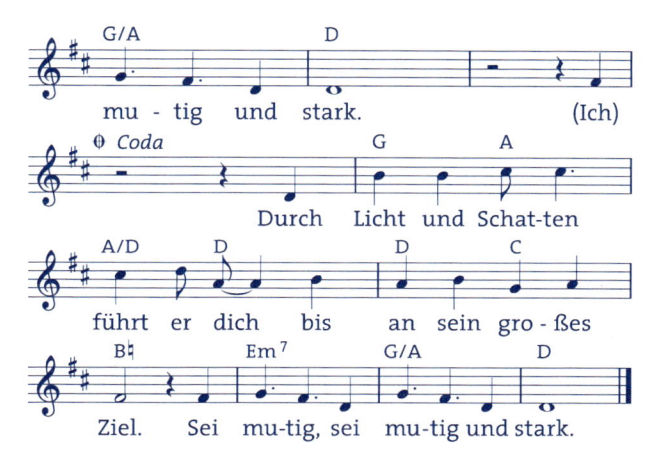

2. A Ich lasse dich nicht fallen und verlasse dich nicht.
   Sei mutig, sei mutig und stark.
   Ich habe dich berufen und bin deine Zuversicht.
   Sei mutig, sei mutig und stark.

   B Und ist der Auftrag noch so groß und deine Kraft so klein,
   Gott ist in schwachen Leuten stark und will ihr Heiland sein.
   Vergiss nicht: Seine Kraft genügt und trägt dich lebenslang.
   Sei mutig, sei mutig und stark.

3. B Nun heb den Kopf und schaue auf, denn du hast Grund dazu.
   Gott ist und bleibt der treue Gott, er liebt dich immerzu.
   Durch Licht und Schatten führt er dich bis an sein großes Ziel.
   Sei mutig, sei mutig und stark.

   A Ich lasse dich nicht fallen und verlasse dich nicht.
   Sei mutig, sei mutig und stark.
   Das gilt zu allen Zeiten und das ändert sich auch nicht.
   Sei mutig, sei mutig und stark.

O Herr, komm zu uns

Text und Musik: Bene Müller

O Herr, komm zu uns, gie-ße aus dei-nen Geist und er-fül-le dei-ne Kir-che mit Kraft. O In dei-ner Ge-gen-wart wird Lie-be of-fen-bart. Ver-än-dre uns und öff-ne uns-re Her-zen. O

Dal 𝄋 al Fine

Vinegard Bern, Basileia Music, CH-3001 Bern

Herr, dein Heil'ger Geist komm über uns

Refrain Herr, dein Heil'ger Geist komm über uns,
Herr, dein Heil'ger Geist komm über uns,
Herr, dein Heil'ger Geist komm über uns
und erfülle uns ganz.

1. Die Jünger blieben beieinander, einmütig folgten sie dem Herrn.
2. Da kam zu ihnen der Geist Gottes, tat ihnen seinen Willen kund.
3. Sie lobten Gott mit reinem Herzen, bezeugten ihn mit großer Kraft.
4. Die Jünger teilten ihre Habe, brachen das Brot von Haus zu Haus.
5. Als deine Jünger woll'n wir leben, hören und folgen deinem Wort.
6. Wir danken dir, du Auferstandner, dass du in Wahrheit mit uns lebst.

Es ist der Herr, der vor dir hergeht

Marion Warrington

Es ist der Herr, der vor dir her-geht.
Er selbst ist mit dir;
es ist der Herr, der vor dir her-geht,
er wird dich nicht ver-las-sen noch ver-säu-men.
Fürcht dich nicht, sei un-ver-zagt,
fürcht dich nicht, sei un-ver-zagt!
Es ist der Herr, der vor dir her-geht.

Danke, Herr, für mein Leben!

Text und Melodie: Heinrich-Maria Burkard

Dan - ke, Herr, für mein Le - ben, dan-ke, Herr, für mei - ne Zeit! Dan - ke, du hast's mir ge - ge - ben, für dein Werk mach mich be - reit! A - men.

Herr, erbarme dich

Text: liturgisch, Melodie: Albert Frey

Herr, er-bar-me dich. Herr, er-bar-me dich. Herr, er-bar-me dich. Herr, er-bar-me dich. Chris-tus, er-bar-me dich. Chris-tus, er-bar-me dich. Chris-tus, er-bar-me dich. Chris-tus, er-bar-me dich. *D.C. al Fine*

© (Melodie) SCM Hänssler, Holzgerlingen für Immanuel Music, Ravensburg

Gottes Wort ist wie Licht in der Nacht

Text: unbekannt   Musik: aus Israel

Got - tes Wort ist wie Licht in der Nacht; es hat Hoff - nung und Zu - kunft ge - bracht; es gibt Trost, es gibt Halt in Be - dräng - nis, Not und Ängs - ten, ist wie ein Stern in der Dun - kel - heit.

Geh mit neuer Hoffnung

Text und Melodie: Albert Frey

Geh mit neu-er Hoff-nung, geh mit neu-em Mut!
Geh mit neu-em Glau-ben! Geh, a-ber geh mit Gott!
Geh mit neu-er Freu-de, geh mit neu-er Kraft!
Geh mit neu-er Lie-be! Geh, a-ber geh mit Gott! Geh in sei-nem Na-men an den Ort, an den er dich ge-stellt.
Nichts und nie-mand kann uns tren-nen von der Lie-be, die uns hält. Ob wir sit-zen o-der ste-hen, ob wir lie-gen o-der ge-hen, er ist bei uns al-le Ta-ge bis ans En-de der Welt.

© 1997 SCM Hänssler, Holzgerlingen für Immanuel Music, Ravensburg